# Secretos de fe

# DR. DÍAZ-PABÓN

# Secretos de fe

*Para una pesca abundante*

**B&H**
ESPAÑOL
NASHVILLE, TENNESSEE

# Índice

# Prólogo

Una tarde de diciembre, en 1996, mi jefe me llamó a su oficina y me invitó a ir a una cena organizada por un ministerio cristiano local.

No le di una respuesta inmediata y, al salir de la oficina, llamé a mi esposa por teléfono para ver si quería ir conmigo a la cena. Su reacción me desarmó. «¿Qué tiene de especial ese programa y quién es el orador?». «No lo sé. No le pregunté a mi jefe —respondí—. Pero, seguramente, habrá buena comida. Vayamos, comamos y, si el orador no nos gusta, nos vamos antes de que termine el programa».

Decidimos ir a la cena, y no nos arrepentimos. La comida era excelente, pero mejor aun fue el mensaje del orador. Era un evangelista internacional de Puerto Rico que, con su dinámico estilo, presentó un mensaje conmovedor sobre la fe.

La autoridad y la sabiduría con que el evangelista predicó me impresionaron tanto que le confesé a mi esposa: «Este es uno de los mejores mensajes que he escuchado en mi vida». Salimos de la cena más que satisfechos, con una perspectiva de Dios más profunda que antes y sumamente animados en nuestro andar con Cristo. Habíamos recibido mucho más de lo que esperábamos.

El orador de esa noche era Luis Ángel Díaz-Pabón. Pocos días después, me encontré con Luis Ángel en una reunión de líderes cristianos y, con el tiempo, hemos llegado a tener una gran amistad y a servir juntos al Señor en algunos proyectos.

Lo anterior es un poco de historia. Ahora viene una advertencia. A lo largo de estos años, he podido ver que el corazón de Luis Ángel Díaz-Pabón vibra de amor por Jesucristo, y todos los que se acercan a él se contagian. Dios lo ha dotado no solo de sabiduría sino también del don de comunicar de manera clara y atractiva las verdades del evangelio de Jesucristo.

Prepárese: al leer este libro, cambiará su vida, crecerá su fe, aumentará su amor por Jesucristo y se consagrará aun más al Señor.

Si mi advertencia no es lo suficientemente clara, mire lo que dice Luis Ángel: «Siento un vivo celo divino por sembrar la fe en cada vida con la que entro en contacto». En este libro, encontrará verdades profundas que tienen ese propósito. Cuando termine de leerlo, usted también saldrá más que satisfecho, y obtendrá más de lo que espera.

Dr. Jimmy Hassan, Director Nacional
Cruzada Estudiantil y Profesional para Cristo
Nicaragua

# Palabras del autor

Predicar y enseñar sobre la fe me ha llevado a estudiar, orar, pensar y vivir la fe con mayor amplitud cada día, y a comprender con mayor profundidad la fe en Cristo Jesús. En estas páginas deseo animar a los lectores a descubrir «Secretos de fe» que Dios nos muestra a través de la Biblia. Porque saber lo que dice la Palabra de Dios en cuanto a la fe y vivir por ella conduce a una vida abundante (Juan 10:10).

La fe es como un cofre lleno de riquezas. En la medida que voy descubriendo el contenido de ese tesoro, tengo el privilegio de disfrutarlo; pero en la medida que lo ignoro, lo voy perdiendo. En estas páginas, entonces, quiero compartir con los lectores qué he descubierto en ese tesoro, y cómo ese tesoro ha cambiado mi vida.

Tal vez, los testimonios de sanidades físicas sean los que más resaltan entre mis anécdotas, pero sería un grave error limitar la fe a la búsqueda de milagros de sanación. Dios hace milagros de incontables maneras.

Como una pequeña semilla de mostaza convertida en libro, el mensaje de *Secretos de Fe* podrá orientar su perspectiva y renovar su esperanza.

## Una vez más puedo decir *creo*

Recibí la invitación para dictar una conferencia sobre la fe en la universidad de mi país. Mi esposa y yo nos emocionamos porque fue precisamente en ese ambiente donde Dios nos encomendó este ministerio.

Hablé sobre la fe con el entusiasmo de siempre. Olvidé que, aparte de los estudiantes, otras personas de la facultad también estaban presentes. Terminé el mensaje y oré por todo aquel que necesitaba robustecer su fe en Cristo. Algunos jóvenes lloraban junto a nosotros mientras oraban rindiendo sus vidas a Cristo.

En pleno pasillo, me interceptó un profesor que, además, era pastor. Supuse que deseaba agradecer el trabajo que hacíamos con jóvenes universitarios, pero me sorprendió al referirse a su vida personal. «Yo perdí la fe —me dijo—. Las batallas, los problemas y las dudas han debilitado tanto mi fe que hasta llegué a olvidar las razones por las que pastoreaba una iglesia». Fue impresionante escuchar a este pastor hacer tal declaración. Avanzó rápidamente en su relato y, con un abrazo, selló sus palabras declarando: «Pero hoy la fe me ha sido devuelta y, una vez más, puedo decir *creo*».

Él no sufría de ninguna enfermedad que lo angustiara; tampoco atravesaba una crisis financiera; solo sentía que sus convicciones espirituales se venían abajo, y con eso, la vida entera. En las enseñanzas sobre la fe, este pastor encontró refrigerio para su alma y una razón para volver al púlpito.

## Milagro en Boston

Me encontraba predicando en la ciudad de Caguas, Puerto Rico, cuando un pastor me dijo que tenía algo sumamente importante que contarme, relacionado con el libro *Secretos de fe*. Se trataba de una experiencia que habían tenido su esposa y su hija.

En la ciudad de Boston, Estados Unidos, su hija había sufrido un accidente automovilístico.

Quedó inconsciente después del impacto y así fue llevada de emergencia al hospital más cercano. Los médicos se negaron a intervenirla quirúrgicamente, dada la crítica condición en que se encontraba la joven. La recomendación médica fue llevarla de inmediato a un hospital con recursos más sofisticados para realizar el tipo de operación que ella necesitaba. Consideraron aerotransportarla, pero como un coágulo sanguíneo amenazaba su vida, optaron por llevarla por tierra.

La abatida madre subió a la ambulancia para acompañar a su hija en el delicado proceso. La situación era crítica. El vehículo avanzaba a la velocidad que permitía la congestionada autopista; sin parpadear, la madre observaba a su hija en estado de coma. Mientras tanto, buscaba alguna indicación divina que fortaleciera su fe en ese momento.

Entonces, recordó que aquella mañana había comprado un librito sobre el tema de la fe. Aunque su hija estaba inconsciente, la madre, esperanzada, decidió leérselo en voz alta. La lectura ayudaría a mantener un ambiente de fe. Mientras leía, la madre advirtió emocionada que su hija reaccionaba a la lectura en ciertos momentos. Continuó leyendo, y pasados unos minutos, la jovencita empezó a orar con la madre, y ambas dieron gracias a Dios por el milagro de salir del estado de coma.

Al llegar al hospital, la joven manifestó que se sentía bien. De todos modos, los médicos le hicieron exámenes exhaustivos que confirmaron que el coágulo que mostraban las radiografías del hospital en Boston simplemente había desaparecido. El libro que la señora había comprado era el que usted sostiene en sus manos. Este fue el instrumento que utilizó Dios en esa circunstancia para despertar la fe en esa madre, a lo cual siguió una obra divina de sanidad.

## Una familia ecuatoriana

Desde el Ecuador, recibí el testimonio de una mujer que conoció a Cristo mientras leía el mensaje de *Secretos de fe*. Lo compartió con su esposo y él también creyó en Jesús, y los hijos también conocieron a Cristo mediante la lectura del libro. Esta familia compartió el libro con otros familiares, y para cuando me escribieron, 17 miembros de la familia habían recibido a Jesucristo. Eso fue obra de Dios.

## Un oído sanado

Desde Ponce, Puerto Rico, una señora relató que sufría sordera de un oído. Escuchó a través de una emisora radial que alguien había leído *Secretos de fe* y había sido impactado por Dios. La mujer decidió comprarlo a través de Internet, y comenzó a orar, pidiendo a Dios el milagro en su oído. Según su relato, en el momento de recibir el libro, fue movida por el Señor a orar antes de iniciar la lectura. Mientras oraba, sintió que su oído había sido abierto. Quedó sana instantáneamente.

## Desánimo en Nueva York

En la ciudad de Nueva York, un ministro cristiano manifestó que había perdido la fe y la motivación en la vida. Hacía algunos años, había comprado *Secretos de fe*, pero nunca lo había leído. Problemas personales lo habían llevado a sumirse en el más profundo desánimo. Las dudas llenaban su mente y la desconfianza lo alejaba de toda comunión con Dios. Una tarde, vio a su esposa leyendo *Secretos de fe*. Ella le prometió dárselo tan pronto terminara la lectura, a lo que él respondió: «Creo que tengo ese libro».

Motivado por la recomendación de su esposa, el ministro decidió leerlo. Más adelante, me comentó: «Lo que ocurrió fue algo único e inesperado. No pude detenerme hasta terminar el libro. Su mensaje me cambió la vida, me devolvió la fe y el deseo de vivir… y de hacerlo cerca de Dios».

Podría escribir varios capítulos con los testimonios que recuerdo: casos de personas que leyeron este texto en la cárcel, en hospitales, en la oficina; en tiempo de dolor, viudez, enfermedad y muchísimo más.

El libro no hace milagros. Sin embargo, en este texto, se describen los «secretos» de cómo operan los prodigios de la fe en Dios.

Para los que han pedido conocer más de estos «secretos», lo más importante son los tres capítulos que añadí a la presente edición, «El proceso de la fe» y «La fe nos impulsa», los cuales enriquecen este estudio íntimo y práctico sobre la fe.

Dr. Luis Ángel Díaz-Pabón

# Introducción

## Una jornada de dos décadas

En el año 2000 se publicó la primera versión de *Secretos de fe*. Luego vinieron ediciones en inglés y en ruso. Las invitaciones a Ucrania fueron abundantes. Respondimos con dos giras a través del país durante las cuales vivimos impresionantes experiencias. El Dr. Pedro Wareiczuk me sirvió de intérprete y coordinador de las jornadas evangelísticas en Ucrania. Al ver tantas conversiones y milagros, nos sentimos respaldados por Dios en la labor que realizábamos.

Al mismo tiempo trabajaba en el desarrollo de las notas de la *Biblia del Pescador*. En mayo de 2013 ocurrió el lanzamiento de la misma y, lo que ya era una enorme bendición, se convirtió en una agenda sin descanso. Para agilizar el trabajo, iniciamos los adiestramientos y la capacitación de grupos nacionales que se ocuparan del desarrollo y la coordinación de los esfuerzos evangelísticos en Latinoamérica.

Pronto comprendimos que era necesario preparar otros materiales impresos. Fue así que surgieron los Recursos del Pescador, entre ellos: *5 Principios de Vida Eterna* (una guía para la evangelización), *Descubra el Evangelio según Juan el Pescador* (material para discipular a los nuevos convertidos) y *Estudios Bíblicos del Pescador* (material para equipar a la iglesia local).

*Secretos de fe* vino a ocupar un lugar muy especial entre los *Recursos del Pescador*. Jim Cook, mi incansable compañero de viajes, me preguntó si la fe se podía enseñar. Su pregunta fue la chispa que inició la idea de comenzar el trabajo en cada ciudad enseñando fe. La edición de *Secretos de fe* que sostiene en su mano, es el recurso que utilizamos para preparar el ambiente de fe en la ciudad antes de una cruzada. Para esa labor utilizamos un manual de estudio que acompaña el libro.

La fe es el elemento vital para el desarrollo de cualquier actividad ministerial. No importa si la visión de trabajo es individual, familiar, regional, nacional o internacional, se requiere fe para desarrollarla.

**La fe es el elemento vital para el desarrollo de cualquier actividad ministerial.**

Una importante emisora radial me invitó a predicar una cruzada de evangelismo de alcance nacional. Supuse que se trataba de tener una cruzada en el estadio nacional de la capital, pero para mi sorpresa, la idea era otra. El director del ministerio radial me dijo: «No pastor, nosotros deseamos que la cruzada sea realmente nacional. Hemos dividido el país en cinco regiones y usted predicará cada día de la semana en una de esas regiones y se transmitirá por la cadena radial a todo el país».

La idea me pareció innovadora y dimos curso al proyecto. Mientras nos trasladábamos a una de las regiones, mi anfitrión me hizo saber que pasaríamos por un pequeño pueblo llamado Guayabo, donde la esposa de un pastor preparaba el mejor café de Costa

Rica. Lógicamente, decidimos visitar al pastor. Ellos nos esperaban con un banquete. Acabado el almuerzo, el pastor me pidió insistentemente que le acompañara al templo para orar allí. No pude negarme ante su insistencia, aunque no entendía por qué no podíamos orar en la casa y marchar a nuestro compromiso.

Al llegar al templo, me impresioné por las dimensiones del edificio. A mi juicio, no guardaba relación con el tamaño del pueblo. La pareja pastoral se mostraba muy feliz al mostrarme las instalaciones del enorme edificio. Los miré y pregunté: «¿Cuántas personas pueden acomodar en este lugar?». Respondieron: «Dos mil». De inmediato, admirado por la evidente fe de ellos, pregunté: «¿Y cuántos habitantes tiene este pueblo?». Ellos respondieron: «Cuatro mil». Mis ojos delataron mi asombro; pero la esposa del pastor malinterpretó mi gesto y aclaró casi excusando su respuesta: «Pero pastor Pabón, podemos tener dos cultos en domingo».

Ella pensó que yo objetaba que en el templo construido no cupiese la totalidad de la población en un solo culto. Yo realmente estaba admirado porque, por primera vez en mi vida, era testigo de la conducta de un pastor que evidenciaba compromiso con su determinación a ganar a cada poblador de su parroquia para Cristo. Nunca olvidaré esta experiencia.

Me gusta preguntar a los pastores de qué porcentaje de los habitantes de su ciudad se siente responsable, a cuántos de ellos planifica evangelizar y por cuántos de ellos Jesucristo dio su vida en el Calvario. También me gusta contarles mi experiencia en Guayabo y preguntarles su opinión al respecto.

Al mensaje de Jesús en Marcos 16:15-18 le llamamos la Gran Comisión, y sin duda lo es: «Y les dijo: Id por todo el mundo y predicad el evangelio a toda criatura. El que creyere y fuere bautizado, será salvo; mas el que no creyere, será condenado. Y estas señales seguirán a los que creen: En mi nombre echarán fuera demonios; hablarán nuevas lenguas; tomarán en las manos serpientes, y si bebieren cosa mortífera, no les hará daño; sobre los enfermos pondrán sus manos, y sanarán».

Es la comisión dada a la Iglesia y, por lo tanto, a cada creyente en particular. Somos responsables de predicar a toda criatura en esa parte del mundo a la que tenemos acceso. La evangelización del mundo es la responsabilidad de cada persona que ha sido alcanzada por la gracia divina. Cuando la acción de Dios hacia nosotros se llama gracia, nuestra respuesta se debe llamar gratitud. De manera que la evangelización debe ser la respuesta de gratitud de los salvos.

*La evangelización debe ser la respuesta de gratitud de los salvos.*

La sección que sumamos a esta edición de *Secretos de fe* trata sobre la fe de un hombre común y corriente que, al salvar a su familia, salvó a la humanidad. Le dejo una pregunta: ¿no será eso lo que Dios quiere que hagamos todos?

# PRIMERA PARTE

# La fe de Noé

## CAPÍTULO 1

# ¿De dónde vino la fe de Noé?

*Por la fe Noé, cuando fue advertido por Dios
acerca de cosas que aún no se veían, con temor
preparó el arca en que su casa se salvase...*

Hebreos 11:7a

## Un taller de fe y carácter

Transcurría la década de los 70, y fui invitado a escuchar al conocido predicador David Wilkerson. En esos años, era muy común encontrarnos en un estadio de deportes para apoyar la jornada de evangelización que algún compañero estuviera desarrollando. Entré por uno de los portones laterales destinado para los pastores y otros invitados especiales. No fue una sorpresa ver que miles de personas llenaban las gradas.

La juventud evidenciaba gran interés en escuchar al predicador. Para entonces, la película *La cruz y el puñal* se había exhibido en la mayoría de las iglesias. En esa película, se presenta el testimonio de cómo un humilde predicador respondió al llamado de Dios que lo dirigía a trabajar con los pandilleros en la ciudad de Nueva York. Ese humilde predicador era David Wilkerson.

La dramática conversión del joven pandillero Nicky Cruz era el punto culminante de la película. Dada su hazaña ministerial, Wilkerson era considerado no solo un gran predicador, sino también un experto en materia de ganar y ministrar a jóvenes víctimas de la droga, las pandillas y la violencia.

Aquella noche, el preliminar musical fue relativamente breve y pronto presentaron al flamante predicador, quien me sorprendió con un par de preguntas al iniciar su discurso. «¿Cuál es el lugar más peligroso para nuestros hijos? ¿Dónde corren mayor peligro de perderse los hijos de los cristianos?», preguntó con voz firme y tono sentencioso. Luego hizo una pausa, como si esperara respuesta de la multitud. Los pensamientos casi podían visualizarse. Me parecía adivinar algunas de las respuestas.

*Es en el hogar donde los niños se forman o se deforman.*

Como si atropellara los pensamientos, el predicador comentó: «Se equivocan. El lugar más peligroso para nuestros hijos no es el colegio ni la universidad; el lugar más peligroso para nuestros hijos no es la esquina donde se reúnen los delincuentes del barrio; el lugar más peligroso para nuestros hijos no es la casa de los amigos. El lugar más peligroso para un niño es su casa. Allí se salva o se pierde». Yo no estaba esperando esa respuesta. Me tomó por sorpresa.

Wilkerson no intentaba restar importancia al rol de la familia en el desarrollo del carácter del niño, sino todo lo contrario. Deseaba sacudir nuestras conciencias, mostrando el enorme peligro que corremos cuando el hogar no cumple la función de taller de carácter para el niño. Donde el hogar no es un taller de fe, el carácter del niño se malforma.

Los conflictos de Nicky no comenzaron en las calles de Nueva York, más bien, empezaron en un hogar disfuncional plagado de inconsistencias y carente de valores cristianos. Padres que seguramente habían sufrido las mismas carencias durante su formación. Un triste legado que se transmite de una generación a otra. A los cinco años —testifica Nicky Cruz—, comenzó su desorientada carrera por la vida como oveja sin pastor. Es en el hogar donde los niños se forman o se deforman, y el testimonio de Nicky Cruz es un clásico ejemplo de esta realidad. Solo el nuevo nacimiento puede cambiar el destino de una vida mal formada.

## El vecindario de Noé

Acompáñeme a Génesis, el libro de los orígenes, para considerar la vida de otro importante personaje de la historia. Noé no se crió en medio de una comunidad de creyentes maduros, con colegios cristianos donde estudiar en una atmósfera santa, sino todo lo contrario. Génesis 6:11-12 nos permite tener una idea de cuál era la condición de la sociedad de Noé: «Y se corrompió la tierra delante de Dios, y estaba la tierra llena de violencia. Y miró Dios la tierra, y he aquí que estaba corrompida; porque toda carne había corrompido su camino sobre la tierra».

El mundo en el cual le tocó vivir a Noé era de absoluta corrupción, maldad y violencia. Los seres humanos, arrastrados por sus pasiones, habían perdido su norte. Aun los descendientes de Set se habían dejado arrastrar por los deseos de los ojos. La contaminación ocurría en todos los órdenes. Pensamientos, sentimientos y conducta estaban orientados a lo malo.

La gran pregunta que todos debemos hacer es: ¿de dónde le vino la fe a Noé? Con solo observar por un instante el clima moral que lo rodeaba, la pregunta será obligatoria. La descripción es pecado, corrupción y violencia. Entonces, ¿cómo es que surge un líder de este talante?

En ese ambiente, Noé debía formarse, casarse, criar a su familia, educar a sus hijos y servir a Dios. Hay tantos que se rinden al imaginar lo incierto de su futuro en medio de una sociedad corrupta. El desánimo, la falta de motivación y un paulatino proceso de acomodo a las formas del mundo es lo más común en esas circunstancias. Una vez más, se torna ineludible la pregunta: ¿de dónde le vino la fe a Noé?

La respuesta la encontramos en Génesis 5:21-24: «Vivió Enoc sesenta y cinco años, y engendró a Matusalén. Y caminó Enoc con Dios, después que engendró a Matusalén, trescientos años, y engendró hijos e hijas. Y fueron todos los días de Enoc trescientos sesenta y cinco años. Caminó, pues, Enoc con Dios, y desapareció, porque le llevó Dios». Este extraordinario hombre llamado Enoc era el bisabuelo de Noé.

## La fe del abuelo

Para comprender de dónde vino la fe de Noé es necesario considerar la vida de su bisabuelo, Enoc. Observe que el pasaje no dice: «Y vivió Enoc con Dios», sino: «Caminó, pues, Enoc con Dios». La integridad y la santidad de Enoc no ocurren en la experiencia de un anacoreta aislado del mundo, sino en la rutina de un padre de familia. El bisabuelo de Noé no necesitó esconderse en un monasterio para alejarse del pecado. «Caminar» nos comunica una experiencia de vida ordinaria. Enoc disfrutó y conoció a Dios en la experiencia diaria de su vida familiar.

Cristianismo es caminar con Dios; es entrar en acuerdo con Dios para llevar Su paso. Es conducirse sabiendo que siempre está presente; es procurar que cada acción nuestra traiga gloria a Su nombre; es vivir conscientes de que, como parte de la familia de Dios, llevamos Su nombre. Así vivió Enoc y no como los demás; por lo tanto, no salió de este mundo como los demás. «Desapareció, porque le llevó Dios». Fue transformado como lo seremos los creyentes en la resurrección.

¿No parece lógico suponer que, durante su crianza, Noé escucharía muchas veces la historia de su bisabuelo? Él no escuchó la historia de un bisabuelo mujeriego, pendenciero, violento o vulgar. Es de suponer que el testimonio de Enoc sería la inspiración de la familia y el modelo que algunos decidirían emular, como lo fue en el caso de su bisnieto Noé.

De ninguna manera deseo dar la impresión de que la salvación se hereda o transmite genéticamente. Pero sí quiero establecer que la fe se enseña y se estimula. Romanos 10:17 afirma: «Así que la fe es por el oír, y el oír, por la palabra de Dios». Hablar Palabra de Dios a nuestros hijos es sembrar fe en sus corazones. Ejemplificar fe con nuestras vidas es inspirar a nuevas generaciones. Enseñar fe es provocar que el favor divino transforme vidas.

Al contemplar la vida de Noé, se acaban las excusas de aquellos que culpan a otros por sus malas acciones. El entorno no fue suficiente para detener el favor de Dios en la vida de Noé. Tampoco lo es en la vida de cualquiera que coloque su confianza en el Señor. Su mano de gracia nos alcanza sin importar el lugar de crianza, el mal ejemplo de los cercanos, las malas influencias, o lo profundo que hayamos caído en pecados personales. Quien levanta los ojos de la fe, recibe el toque de la gracia.

*Quien levanta los ojos de la fe, recibe el toque de la gracia.*

La vida de Noé no es la historia de la destrucción del mundo, es más bien la historia de la misericordia de Dios y de Su persistente amor que finalmente logra salvar a la humanidad, salvando a una familia.

El bisnieto aprendió la vida de fe. Génesis 6:9 señala: «Noé, varón justo, era perfecto en sus generaciones; con Dios caminó Noé». Por la fe, Noé se distinguió del resto de su generación. Solo el favor de Dios logra que un hombre nade contra la corriente de su tiempo e inspire a futuras generaciones con su ejemplo. El carácter de integridad de este hombre conquistó la atención de Dios. El Señor siempre mira con agrado a aquel cuyo corazón se aleja del mal.

Los vecinos de Noé no atendieron a su mensaje, más bien lo rechazaron. Quien desee ser acepto en el Amado, correrá el riesgo de ser rechazado por los hombres. La audiencia de Noé no recibió su mensaje; aun así, él decidió ir contra la tendencia popular y su familia apreció su inquebrantable compromiso. Un verdadero padre es aquel que se para en la brecha por su familia, que se ancla en el eterno propósito de Dios, convencido de que la voluntad divina es buena, agradable y perfecta.

## CAPÍTULO 2

# Un arca por familia

*Hazte un arca de madera de gofer; harás aposentos en el arca, y la calafatearás con brea por dentro y por fuera. Y de esta manera la harás: de trescientos codos la longitud del arca, de cincuenta codos su anchura, y de treinta codos su altura. Una ventana harás al arca, y la acabarás a un codo de elevación por la parte de arriba; y pondrás la puerta del arca a su lado; y le harás piso bajo, segundo y tercero.*

Génesis 6:14-16

## Perdóname por ser tan bruto

Hace algunos años, fui invitado a dictar una serie de conferencias en la Universidad Interamericana de Puerto Rico. Entre una y otra conferencia, fui a la cafetería con un grupo de estudiantes que mostraban interés en continuar conversando. Por alguna razón que ya no recuerdo, les compartí la experiencia que había tenido con mi hija menor aquella mañana. Lorraine, quien para entonces tendría unos siete años, se había metido a nuestra cama y nos había confiado que había conocido a un niño en el colegio y el cual le parecía especialmente simpático. Estrellita y yo nos reímos con nuestra hija y aprovechamos la confianza que nos tenía para influenciarla y cuidarla.

Mientras los jóvenes disfrutaban la historia, pude observar a una estudiante quien, desde otra mesa, nos miraba y lloraba. Dejando el grupo, de inmediato me acerqué y le pedí permiso para sentarme en su mesa. Al preguntarle qué ocurría, respondió: «Yo tenía una relación con mi padre tan bonita como la que usted tiene con su hija, pero la arruiné». «¿Cómo la arruinó?», pregunté, y ella solo señaló su barriga que evidenciaba un embarazo de unos cinco meses. «Claro —dije—, papá está muy enojado». Su respuesta me dejó sin palabras. «Ojalá estuviera enojado, ojalá me hubiera pegado [...] pero no. Mi papá es un santo. Cuando le dije la manera en que lo había deshonrado, comenzó a llorar y me pidió perdón. Me dijo: «Hija, perdóname por ser tan bruto. Yo soy un campesino ignorante, no fui a la escuela y no sé como aconsejarte». Me abrazó y dijo que al bebé y a mí no nos faltaría nada».

El padre de la joven universitaria no solo es inteligente, sino también sabio y un padre ejemplar. Estoy seguro de que ese bebé disfruta hoy de un abuelo de primer nivel. Esa sabiduría no se enseña en la universidad. No existen doctorados en «padreología». La humildad, el amor, la sensibilidad y el sentido de responsabilidad de ese campesino marcaron para siempre el carácter de su hija. Esa huella de amor será un legado para generaciones por venir. Los golpes y los insultos hubiesen dejado huellas en la joven, pero no la habrían transformado como lo hizo la comprensión.

El padre campesino no preguntó: «¿Qué hizo mi hija?». Preguntó: «¿Qué debo hacer para bendecirla?». La responsabilidad de un padre no es solo educar a los hijos; es tener cuidado de sí mismo a fin de tener la madurez para poder cumplir con la responsabilidad sacerdotal en el hogar. De un anciano pastor aprendí lo siguiente: «Donde el amor fracasa, no queda más que hacer».

## Padre y vidente

Noé fue un vidente. Cuando nadie más parecía percibir la voz de Dios, él sí entendió lo que Dios decía y lo que habría de ocurrir. Los padres se adelantan a los tiempos. Prestan atención a cosas que los hijos simplemente ignoran. Hebreos 11:7 declara: «Por la fe Noé, cuando fue advertido por Dios acerca de cosas que aún no se veían, con temor preparó el arca en que su casa se salvase». Nos deja ver otro aspecto de la paternidad: Noé pudo ver lo que los demás no veían. El mundo ignoraba los planes de Dios, pero no Noé. Este padre tuvo la visión de Dios para su tiempo y la siguió. La paternidad supone mucho más que una responsabilidad económica, supone una enorme responsabilidad espiritual.

Noé cultivó una íntima relación con Dios que trajo beneficio a su vida y a la vida de su familia. El Salmo 25:14 señala: «La comunión íntima de Jehová es con los que le temen, y a ellos hará conocer su pacto». Desarrollar vida de intimidad con Dios es función de un padre. Si no somos santos por deseo personal, debemos serlo al considerar el impacto que tendrá nuestra santidad a largo plazo en la vida de nuestra familia. Quien cultiva intimidad con Dios llega a conocer los planes divinos y sus parientes se beneficiarán de ello.

*Y Jehová dijo: ¿Encubriré yo a*
*Abraham lo que voy a hacer?*

Génesis 18:17

Posiblemente, el ejemplo clásico de alguien que se benefició de la relación que otro familiar tenía con Dios es el caso de Abraham y Lot. Este último no solo salió de Ur de los caldeos por la dirección que su tío Abraham recibió de Dios, sino que también recibió protección de los enemigos que lo atacaron, recibió tierras fértiles de buen cultivo y orientación para escapar de Sodoma y Gomorra cuando Dios se dispuso a destruirlas. En ocasiones, disfruto bromear con los jóvenes diciéndoles: «En caso de que usted decida no ser muy espiritual, asegúrese de tener un tío santo».

> **El modelo de familia presentado por Dios es el de un hombre y una mujer.**

## ¿Para quién construyó Noé el arca?

Volvamos a Hebreos 11:7: «Por la fe Noé, cuando fue advertido por Dios acerca de cosas que aún no se veían, con temor preparó el arca en que su casa se salvase». El arca no fue construida para la salvación de los animales, sino para la salvación de la familia. No estoy diciendo que los animales no sean importantes, estoy diciendo que la familia es lo más importante. Cuénteme: ¿para quién está usted construyendo?, ¿a quién está dedicando lo mejor de su vida?

El propósito de Dios no era destruir la humanidad, sino darle continuidad, y para esto salvó a la familia. Está claro que Dios salvó a la raza humana salvando a la familia. El modelo de familia presentado por Dios es el de un hombre y una mujer. Ese es el modelo que hemos de perpetuar porque es la fórmula que garantiza el desarrollo de los seres humanos y la santidad del hogar. La familia de Noé, según Génesis 7:13, constaba de cuatro parejas: «En este mismo día entraron Noé, y Sem, Cam y Jafet hijos de Noé, la mujer de Noé, y las tres mujeres de sus hijos, con él en el arca». Cuatro parejas heterosexuales conformada cada una por un hombre y una mujer. Solo de esa forma podía obedecerse el mandamiento de «fructificad y multiplicaos».

Entender la importancia de la familia constituida por Dios nos conduce a una mejor compresión de la importancia de la construcción del arca. Me atrevo a declarar que todo padre de familia es un Noé y, por lo tanto, un instrumento para la salvación de la humanidad, y debe construir su arca. Del mismo modo que establecí anteriormente que es importante saber que nuestra espiritualidad no solo trae beneficios personales, sino familiares, ahora enfatizo que la salvación de su familia es una inversión en la salvación de la humanidad. No basta con desear un mejor mundo para nuestros hijos, debemos trabajar para dejar mejores hijos en el mundo.

## Comience la construcción hoy

A Noé se le indicó que debía iniciar la construcción del arca y su respuesta fue obediencia inmediata. ¿Cuán importante es obedecer a Dios de inmediato? De mi papá aprendí muchas cosas, y una de las más importantes fue que tanto la obediencia parcial como la obediencia a destiempo son desobediencia. Las cosas en casa no se hacían cuando deseáramos o cuando nos desocupáramos, sino cuando papá decía y como él decía.

Mi papá vivió como el águila, en una misma casa. Nunca se mudó, pero su casa fue creciendo y adaptándose a los tiempos. Cuando yo nací, la casa era pequeña y de madera. Luego, papá inició un proceso de construcción que duró varios años. Gradualmente fue cambiando paredes de madera por otras de concreto. Mi mamá, mi hermano y yo fuimos sus asistentes en el proyecto, cada uno conforme a su capacidad. Papá salía a trabajar muy de mañana y dejaba instrucciones escritas cada día. Cuando regresaba a casa, debía encontrar que sus instrucciones se habían obedecido al pie de la letra, porque sobre esa base él trabajaría hasta la media noche aprovechando cada minuto disponible.

Tiempo, lugar, forma, orden, materiales y otros eran elementos importantísimos para que el plan pudiera desarrollarse. No puedo pensar en Noé sin recordar a mi padre. ¿Qué consecuencias habría tenido una obediencia a destiempo de parte de Noé? Supongo que, si Noé no hubiese comenzado la construcción del arca a tiempo, posiblemente el diluvio habría comenzado antes de que el arca estuviera lista y, como consecuencia, su familia se habría ahogado en un arca sin techo. Sin duda, obediencia a destiempo es desobediencia.

En aritmética nos enseñaron que, al sumar, el orden de los factores no altera el producto. Pero eso no es cierto en otras disciplinas. Por ejemplo, si me caso primero y tenemos niños, crece la familia. Pero si tenemos niños antes de casarnos, crece la fornicación, el pecado. Hay un tiempo y un orden apropiados para la formación y el desarrollo de la familia. La distribución de roles es determinante. ¿Quién tiene la autoridad y cómo se ejerce esa autoridad en determinadas circunstancias? ¿Cómo se distribuyen las responsabilidades en el hogar? Para responder a estas preguntas, debemos mirar a la Biblia y no a la sociedad. La Biblia es el manual de consulta por excelencia. Recomiendo considerar el índice temático en la *Biblia del Pescador* como un recurso excelente en la búsqueda de respuestas a las preguntas cotidianas.

### ¿Qué materiales debo utilizar?

Sabemos que se pueden utilizar diferentes materiales para construir una misma cosa. Una olla para cocinar puede construirse de aluminio, de cobre o de acero inoxidable. La realidad es que saber para quién voy a cocinar en esa olla podría determinar el material con el que la fabricaré. Si voy a cocinar para mis seres amados, tomaré el cuidado de evitar materiales que puedan resultar nocivos a la salud.

En Génesis 6:14, Dios ordena a Noé: «Hazte un arca de madera de gofer; harás aposentos en el arca, y la calafatearás con brea por dentro y por fuera». Los expertos parecen coincidir en que esta madera de gofer era ciprés, madera resinosa usada para la construcción de naves y edificios. La indicación divina parece ser que utilizara los mejores materiales para la construcción del arca en la cual llevaría a su familia.

Cuando se trata de la salvación de mi familia, no escatimo en precio, tiempo o esfuerzo. Excelencia debe ser la medida a la hora de determinar la inversión en la familia. Edificar la familia debe considerarse la principal tarea de una persona. Para nuestros cónyuges e hijos debemos reservar el mejor sermón, la mejor enseñanza, el mejor de los estudios bíblicos y el mejor trato. Su cónyuge merece el mejor piropo, el mejor poema, los mejores versos y el más dulce trato. Sus hijos deben recibir su mejor abrazo, beso, consejo y relación.

La forma y las dimensiones que tendría el arca, así como quiénes entrarían en ella fueron determinación divina y no de Noé. Porque Dios tenía un plan determinado, el arca debía construirse sin alteraciones a las instrucciones divinas. Debía ser muy grande y diseñada para flotar. El propósito no era trasladarlos de un lugar a otro. El propósito era mantenerse a flote durante la enorme tormenta que se avecinaba. El diseño de Dios, como siempre, fue apropiado y logró su propósito.

Cada padre de familia ha de preguntarse: ¿qué quiere Dios con mi familia? Porque conforme al plan de Dios con la familia, así será Su diseño. La sociedad, la cultura, los académicos, los líderes políticos o religiosos no tienen autoridad para redefinir la familia. Dios ya la definió en Su Palabra y esta no admite enmiendas.

Del mismo modo, nosotros tampoco podemos cambiar el orden y la responsabilidad que tenemos para con nuestras familias. Al ministro cristiano se le demandó dirigir bien su hogar y guiar a sus hijos con sujeción y respeto. En 1 Timoteo 3:4 leemos: «Que gobierne bien su casa, que tenga a sus hijos en sujeción con toda honestidad». Esto no fue simplemente un comentario liviano, sino un requisito para que se le autorizara cuidar de la Iglesia de Dios.

Por lo tanto, la familia no es algo que cada uno define y atiende a capricho. La familia está en el centro del corazón de Dios, y es indispensable para el cumplimiento del eterno propósito de Dios. Aunque Dios habría podido salvar a Noé y a su familia de forma milagrosa y sin esfuerzo de parte de Noé, decidió darle a Noé el privilegio de ser parte de esa ministración de gracia a su familia y a la humanidad. Así también, Dios desea que usted tome parte en el trabajo de ministrar a su familia y con ella alcanzar a muchos. ¡Qué privilegio!

> **Dios desea que usted tome parte en el trabajo de ministrar a su familia y con ella alcanzar a muchos.**

Es posible que uno de los obstáculos más difíciles para Noé haya sido resistir la burla e incredulidad de una sociedad que avanzaba en sentido contrario a lo que Dios le estaba mostrando a él. Cuán difícil habrá sido explicar a sus hijos la razón por la que ellos no vivían como los demás y construían un edificio flotante de aquellas dimensiones. Así me siento cuando mis hijos, mis nietos y otros creyentes preguntan: «¿Por qué no podemos vivir como los otros viven?». Darles testimonio de lo que Dios ha hecho conmigo, verlos admirar la revelación de Dios y disfrutar los beneficios de la vida cristiana es un enorme privilegio.

Ninguna batalla espiritual o esfuerzo realizado opaca la gloria que se disfruta al saber que nuestros hijos están seguros en el arca que es Cristo Jesús nuestro Señor. Y nada se compara con la convicción de que un día compartiremos, por la eternidad, en el reino de Dios.

## CAPÍTULO 3

# El legado de Noé

*Y por causa de las aguas del diluvio
entró Noé al arca, y con él sus hijos, su
mujer, y las mujeres de sus hijos.*

Génesis 7:7

## La Biblia edifica la familia

**M**e encontraba en medio de una gira por causa del lanzamiento de la *Biblia del Pescador* en su edición ampliada y de letra grande. Hacía radio y televisión diariamente, además de predicar por la noche. No tenía mucho espacio para conversaciones personales, pero un joven logró captar mi atención al comentar que tanto él como su familia eran producto de la *Biblia del Pescador*. Hicimos una cita y me compartió su preciosa experiencia:

*Yo no caminaba fielmente en los caminos de Dios cuando descubrí que mi novia estaba embarazada. Eso fue motivo de tensión y de recibir dolorosos regaños. Sabíamos que esas reprimendas habrían de llegar, pero para mi novia y para mí, el aborto no era una opción para esconder nuestro pecado. No era justo castigar a una criatura inocente por el pecado*

*de dos adultos. Decidimos casarnos y enfrentar las
consecuencias de nuestras faltas.*

*Durante el quinto mes de embarazo, comenzaron
las complicaciones. Ya sabíamos que esperábamos
gemelos, pero no sabíamos cuán complicado habría
de ser el nacimiento. Logramos evitar que llegaran en
el quinto mes, pero un mes después, nacieron. Era un
varón y una niña que nacían apenas en su sexto mes
de concepción. Los médicos no aseguraban la vida
de ninguno y mi esposa tampoco estaba bien. Tuve
que firmar documentos aceptando la responsabilidad
cada vez que los tratamientos ponían en riesgo la
delicada vida de mis hijos.*

*La situación no podía ser más tensa y la luz de la
esperanza no podía estar más lejos. Fue en esa crisis
que una amiga me regaló la Biblia del Pescador. Esa
Biblia se convirtió en mi compañera de insomnios.
Leerla día y noche fue mi consuelo. Encontraba
una cadena de versículos para cada situación que
enfrentaba. Fue maravilloso, Dios respondía a cada
pregunta que le hacía y mi fe se fortalecía a cada paso.*

*Supuse que si la lectura de la Biblia del Pescador
me había hecho tanto bien, a mi esposa también
le haría bien, luego a mis hijos y aunque pareciera
locura, leerles la Palabra de Dios fue la manera
de sentir que les ministraba. El proceso ha sido
largo pero el resultado maravilloso. Mis hijos ya
cumplieron un año y medio y gozan de buena
salud; mi matrimonio avanza en el Señor, y estamos
convencidos de que Dios es el centro de nuestras*

*vidas. La Biblia del Pescador es el recurso que Dios nos regaló para que le pudiéramos consultar cada decisión que tomamos.*

El plan de Dios para cada persona es la salvación no solo del individuo, sino también de su sistema familiar en pleno. No basta con disfrutar la bendición que Dios nos da; es necesario comunicarla a la familia. Esa es nuestra primera y más importante responsabilidad en el Señor.

## No entre solo

Del libro de Génesis, el versículo que me ha marcado de manera más profunda es el siete del capítulo siete: «Y por causa de las aguas del diluvio entró Noé al arca, y con él sus hijos, su mujer, y las mujeres de sus hijos».

Noé no solo construyó obedientemente el arca en el tiempo y forma determinados por Dios, sino que además entró en ella. La evidencia de que un hombre cree lo que está predicando es que lo practique. Que él fuera el primero en entrar muestra cuán profundamente comprometido estaba con el mensaje que estaba dando.

En los procesos pedagógicos, la teoría tiene gran importancia, pero ser ejemplo es el mayor poder con que cuenta un maestro. Nuestra familia escuchará lo que decimos, pero imitará lo que hacemos. Hay una máxima en pedagogía que dice: lo que haces habla tan fuerte que no puedo oír lo que dices. Es inspirador conocer a un hombre cuya vida es modelo de su mensaje. Lo contrario es desalentador.

Pero en el caso de Noé, no solo él entró, sino también su esposa. ¿Ha conocido usted a un hombre cuya esposa no apoya su ministerio? A tal hombre le falta fuerza. No digo que no es un ministro; pero creo que cuando nuestra esposa no comparte la visión ni nos acompaña, la tarea se torna más dura y complicada. Ver a una pareja desarrollar la tarea ministerial en idoneidad es inspirador. Noé lo logró.

Ocasionalmente alguna persona se me acerca para preguntar mi opinión sobre su vida espiritual. Desea conocer si hay en ella madurez, espiritualidad, unción, ministerio o llamado. Por lo regular, respondo: «Nadie mejor que su cónyuge para contestarle esa pregunta». Un creyente cuyo cónyuge lo acompaña en su experiencia ministerial ha alcanzado buena reputación en el lugar más importante: el hogar.

El testimonio de Noé va más allá; no solo él y su esposa entraron al arca, sino que también sus hijos entraron. Debemos considerar que estos hijos eran adultos casados. Alguno pudo haber dicho: «No tengo por qué seguir a papá, yo tengo mi propia visión». Pero no fue así, porque la vida de Noé, en la intimidad del hogar, los había inspirado durante el desarrollo y la formación del carácter. Sus hijos habían conocido que no existía contradicción entre el mensaje que predicaba Noé y su conducta.

Qué hermosura cuando vemos que los hijos avanzan por la vida siguiendo el buen ejemplo de un padre responsable. Es muy fácil desviarse y errar al blanco. Permitir que los negocios, el trabajo y aun el ministerio mismo nos distraigan ocupando lo mejor de nuestro tiempo, talento y esfuerzo.

Entre los chistes que mi pastor hacía cuando yo todavía era un niño, recuerdo uno que me parecía muy gracioso. Él contaba que cierto hombre acostumbraba a presentar su currículo cada vez que se levantaba a orar o testificar. El hermano comenzaba su testimonio diciendo: «Yo he servido a Dios durante más de cuarenta años». Su esposa, un tanto incómoda por la manera en que el esposo se proyectaba en público, susurró: «Cierto, pero de estorbo».

Bueno, pero este no es el caso de nuestro personaje. Noé entró, su esposa entró, sus hijos entraron y lo que resulta aún más interesante es que las nueras también entraron. Estas no tenían ningún lazo consanguíneo con Noé. Solo la inspiración de una vida santa provoca que tres nueras sigan a su suegro en una aventura como esta. Entrar en un enorme barco que estaba anclado en tierra firme luce como cosa de locos. Pero no es locura cuando media una palabra de Dios y hay prosperidad cuando esa palabra es creída. Noé logró que sus nueras le creyeran; eso se llama avivamiento. El legado de Noé fue la fe.

## El caso de Lot

Lot era el sobrino de un héroe de la fe llamado Abraham. Aunque no recibió de primera mano la dirección divina para salir hacia la tierra prometida, creyó el mensaje que Dios entregó a su tío Abraham y lo acompañó en la jornada. Al llegar a su destino, Lot optó por ubicar su ganado en las tierras fértiles de la llanura del Jordán y sus tiendas cerca de una gran metrópoli llamada Sodoma.

El apóstol Pedro describe a Lot como hombre justo, pero eso no significa que fuera perfecto. Es de observar que, ante el inminente juicio de Dios contra Sodoma y Gomorra, Abraham es advertido, pero Lot, aunque se beneficia de la amistad de Abraham con Dios, no parece tener la relación íntima o la sensibilidad como para percatarse directamente de lo que se avecina.

Démosle un vistazo al incidente ocurrido con los yernos, comprometidos en matrimonio con las hijas de Lot. Génesis 19:14 relata: «Entonces salió Lot y habló a sus yernos, los que habían de tomar sus hijas, y les dijo: Levantaos, salid de este lugar; porque Jehová va a destruir esta ciudad. Mas pareció a sus yernos como que se burlaba». Podríamos preguntarnos qué tipo de relación tenía Lot con sus yernos como para que ellos creyeran que podía hacer bromas de esta naturaleza. Él no tomó a broma el mensaje de Abraham, como tampoco lo hizo la familia de Noé con las advertencias que Dios le dio.

¿Por qué los yernos de Lot pensaron que él bromeaba? ¿Acaso solía bromear con ellos de esta forma? ¿Habrá sacrificado de alguna manera su carácter para ser aceptado por estos ciudadanos de Sodoma? ¿Habrá abierto Lot las puertas a un tipo de relación que, aunque a él no lo dañara, a su familia sí?

Este fue el saldo final de un proceso que comenzó por alejarse del patriarca Abraham, el mejor modelo de fe que tenía la familia, y terminó con la pérdida total de sus bienes y la destrucción del núcleo familiar. El juicio divino sobre Sodoma y Gomorra arruinó económicamente a Lot. Sus hijas perdieron a sus futuros esposos, la mujer de Lot perdió su vida al tornar su mirada para ver cómo se perdía lo que tanto amaba. Y, si esto no fuera suficiente desgracia, Lot culminó su vida dejando un legado de incesto al embarazar a sus dos hijas bajo los efectos del alcohol. Génesis 19:33-36 señala: «Y dieron a beber vino a su padre aquella noche, y entró la mayor, y durmió con su padre; mas él no sintió cuándo se acostó ella, ni cuándo se levantó. El día siguiente, dijo la mayor a la menor: He aquí, yo dormí la noche pasada con mi padre; démosle a beber vino también esta noche, y entra y duerme con él, para que conservemos de nuestro padre descendencia. Y dieron a beber vino a su padre también aquella noche, y se levantó la menor, y durmió con él; pero él no echó de ver cuándo se acostó ella, ni cuándo se levantó. Y las dos hijas de Lot concibieron de su padre». Qué enorme contraste entre el impacto de la vida de Noé sobre su familia y el de Lot sobre la suya.

## Círculos de influencia

¿Ha considerado la respuesta de Jesús cuando un grupo de sus seguidores indagaron sobre el tiempo en que Dios restauraría el reino a Israel? Seguramente la pregunta pretendía conocer el momento en que se establecería el reino mesiánico. Hechos 1:8 declara: «… pero recibiréis poder, cuando haya venido sobre vosotros el Espíritu Santo, y me seréis testigos en Jerusalén, en toda Judea, en Samaria, y hasta lo último de la tierra».

*Debemos hacer ministerio, y el comienzo es en la familia.*

La respuesta de Jesús los dirige a considerar lo que Dios espera que hagamos en tanto que Él regresa a la tierra. En Su respuesta, Jesús señala unos territorios que van desde el lugar donde se encontraban y hasta el fin de la tierra. Desde el lugar más cercano hasta el más lejano.

Me parece que es una buena práctica considerar este modelo que nos compromete en trabajo desde nuestro entorno inmediato, hasta gradualmente ir alcanzando el mundo entero. Visto desde otra óptica, debemos hacer ministerio, y el comienzo es en la familia, luego los vecinos, los distantes, y hasta alcanzar a la humanidad.

Si pudiéramos visualizar círculos concéntricos partiendo de la familia inmediata y que llegan hasta el más lejano campo misionero, tendríamos un esquema idóneo para desarrollar un trabajo orgánico que nos permita evangelizar al mundo comenzando desde nuestro hogar.

¿Por qué es tan importante comenzar por nuestro hogar? Porque aunque la evangelización de nuestra familia requiera de menor esfuerzo económico, logístico, publicitario o de materiales, demanda más de nosotros como creyentes.

Para predicar en un país lejano, necesitamos pasaporte, visa, presupuesto, relaciones públicas, equipos especiales y muchas otras cosas. Pero para predicar a la familia necesitamos ser auténticos. Puedo ser un mal padre y aun así ser escuchado por miles a través de la radio, pero sin duda mi vecino no me hará caso.

Puedo maltratar a mi esposa y aún así llenar coliseos en países lejanos, pero no lograré que mis hijos me escuchen y mucho menos mis nueras. Puedo ser un irresponsable espiritual que no ora, no lee la Biblia ni cultiva una vida devocional, y aún así llevar conferencias a distintos países, pero no lograré que mi esposa se interese en mi ministerio.

Por lo tanto, el modelo de Hechos 1:8 no es solo un movimiento lógico que lleva de lo cercano a lo lejano, sino un modelo que exige del creyente que su vida íntima sea un reflejo incuestionable de la esencia misma del mensaje que predicamos.

Si respetamos el modelo de Jesús, desarrollaremos ministerios tan sólidos como nuestras vidas y familias. Los amenes de nuestros hijos sellarán nuestros sermones en los corazones del pueblo y el mundo no tendrá excusa al ser confrontado con el evangelio de nuestro Señor.

El modelo de Hechos 1:8 no solo nos ofrece una estrategia, sino también un proceso de crecimiento y madurez para que, fortalecidos por la exigencia de calidad de vida íntima, alcancemos a otros con la riqueza espiritual que Dios nos regala en lo secreto. No debemos olvidar que hasta hoy, «el Dios que ve en lo secreto, nos recompensa en público».

Partiendo de la familia inmediata se abren círculos concéntricos a los que llamamos «círculos de influencia». En cada uno de ellos, usted hallará vidas necesitadas de Cristo a las cuales tendrá un acceso que muy pocos otros tendrían. Eso le convierte a usted en un recurso maravilloso en las manos divinas para llevar salvación a esas personas. Comience hoy por examinar cada uno de sus círculos de influencia y escriba los nombres de aquellos que muestran necesidad de Cristo. Luego, trace un plan para compartirles su fe. Descubrirá que tiene la capacidad de influenciar a más gente con su fe de lo que alguna vez imaginó. Todo aquel que no sabe que Dios tiene todo el universo en Sus manos, no tiene esperanza. Por eso, esa persona no puede glorificar a Dios cuando le ocurre algo negativo. Sin embargo, el que entiende la soberanía divina, alaba a Dios en todo tiempo, aun cuando experimenta tristeza. Esa persona crece en fe al comprender que la mano del Señor, aunque invisible en ocasiones, no se aleja.

La fortaleza de nuestra fe no consiste en tratar de convencer a Dios de que haga algo por nosotros. Más bien, se trata de alabarlo por lo que Él hace y ya ha hecho.

SEGUNDA PARTE

# La fe de Abraham

## CAPÍTULO 4

# Una fe guerrera

*Jehová peleará por vosotros, y vosotros estaréis
tranquilos. Entonces Jehová dijo a Moisés: ¿Por qué
clamas a mí? Di a los hijos de Israel que marchen.*

Éxodo 14:14-15

Me encontraba en Lima, Perú, celebrando una campaña evangelística. Había estado realizando trabajo misionero en América del Sur, y esto hizo que a veces tuviera que pasar varias semanas fuera de casa.

Había sido una noche maravillosa. Tal vez la mejor asistencia en toda la campaña, y con un ambiente tan saturado de la unción de Dios, que provocaba el deseo de pasar horas interminables en aquel lugar sin interrupciones.

Decidí caminar hasta donde me hospedaba. Quería estar a solas con el Señor y repasar en silencio cada instante de aquella noche. La experiencia fue sublime. Casi volví a vivir el momento del llamado al altar. Una anciana, paciente de cáncer y desahuciada de la ciencia médica, esperaba con fe la intervención del Espíritu Santo en su alma y en su cuerpo.

Apenas comenzamos a orar, el poder divino de sanidad tocó su cuerpo. Ante los ojos de sus hijas y algunos amigos, las visibles protuberancias en diversas partes del cuerpo comenzaron a desaparecer. Para esta mujer, la sanidad física fue un milagro instantáneo.

Muchos otros recibieron sanidad esa noche, y también la salvación de sus almas. Me sentía cautivado por el amor y la misericordia de Dios. ¡Todo era posible para Él, y yo no tenía duda alguna!

Me parecía estar en las nubes, y nada podía hacerme titubear mientras disfrutaba mi camino al hospedaje. Miraba a la gente pasar junto a mí y preguntaba: «Señor, ¿por qué me concedes este privilegio tan grande?».

**Me sentía cautivado por el amor y la misericordia de Dios.**

No podía imaginar que unos minutos más tarde, todo aquel cuadro de victoria y gloria cambiaría de forma radical. Inesperadamente, mi fe estaba a punto de atravesar el crisol de la prueba, y sería sacudido como nunca antes.

## La gran batalla

Al acercarme a mi habitación, noté que sonaba el teléfono. Me apresuré a contestar y oí la dulce voz de Estrellita, mi esposa, que se encontraba en Puerto Rico. Su voz apagada y triste despertó mis sospechas. Le pregunté de inmediato: «¿Qué sucede? Cuéntame».

Sus palabras fueron breves y concisas. Después de varios exámenes, el médico había diagnosticado un tumor en el cerebro de nuestro segundo hijo, Gustavo Adolfo. Al preguntarle sobre los síntomas que presentaba el niño, Estrellita me explicó que caminaba con cierta torpeza, sufría mareos, tropezaba y caía a menudo, y dos días atrás, el médico le había recetado unos anteojos especiales porque sus ojitos se habían torcido.

La noticia me hizo temblar, llorar y orar. No sabía qué decirle a mi esposa, de modo que hablamos muy poco. No podía entender cómo Dios sanaba físicamente a tanta gente en nuestras campañas, y ahora nuestro propio hijo estaba al borde de la muerte como consecuencia de un tumor.

Fueron noches de agonía. No podía permitir que mi corazón se cargara de amargura, pero tampoco podía quedarme de brazos cruzados, esperando que el destino me sorprendiera con un buen o mal desenlace.

## Luchar hasta el final

Creo que los seres humanos forjamos nuestro propio destino. Hay que luchar hasta darle a nuestra vida la forma que glorifica a Dios. Por lo tanto,

*Creo que los seres humanos forjamos nuestro propio destino. Hay que luchar hasta darle a nuestra vida la forma que glorifica a Dios.*

Estrellita y yo estuvimos de acuerdo en que debíamos resistir en oración y no aceptar la imposición del diagnóstico médico como última palabra.

Sentimos que estábamos en guerra. Un plan muy bien orquestado contra nosotros estaba en pleno desarrollo. Era una batalla de fe que teníamos que librar, y los ataques del enemigo se sentían con fiereza. Sabía que mi petición debía ser insistente, como la de la viuda en Lucas 18:1-8, de modo que hice mía la perspectiva de aquella viuda, confiando así en la respuesta positiva de parte de Dios.

Aquella misma noche, comenzamos la batalla en oración. Estrellita desde Puerto Rico y yo desde Perú, pero ambos dirigíamos el mensaje al mismo lugar: el trono de Dios. Aún tenía que predicar varias noches antes de regresar a casa, y como no quise que la gente notara mi aflicción, oré en silencio sin cesar.

Una noche, mientras escribía en mi diario, decidí redactarle una carta a Dios. En ella, le explicaba en detalles al Señor mis circunstancias y afirmaba que, sin importar cuánto tiempo Él tardara en contestar, Estrellita y yo permaneceríamos firmes en oración. Terminé la carta aclarando dos cosas: En primer lugar, que independientemente de cuál fuera el desenlace de esa odisea, mi compromiso de fiel servicio cristiano seguiría inalterable. En segundo lugar, pedí que ahorráramos tiempo, porque no pensaba rendirme.

## Un rayo de esperanza

No se trató de valentía humana ni de estoicismo. Fue la gracia del Señor la que nos ayudó a crecer. Algunos días más tarde, regresé a Puerto Rico luego del viaje misionero, y en el aeropuerto me esperaba Estrellita con los tres niños. Corrí hacia Gustavo Adolfo de inmediato. Lo miré con detenimiento y me pareció que sus ojos estaban normales. Mi esposa me explicó que esa mañana había descubierto el cambio en los ojos del niño.

## El milagro confirmado

Ese rayo de esperanza fortaleció nuestra fe. Sentimos que Dios estaba contestando nuestra oración. Regresamos a los médicos con el niño para realizarle nuevos exámenes. Esta vez, solo para evidenciar que el milagro era una realidad verificable. No hallaron siquiera rastros del tumor.

Una nueva etapa comenzó en nuestra vida y nuestro ministerio: la de resistir al diablo. No aceptaríamos las cosas que, a la luz de las Escrituras, entendíamos que no formaban parte del plan de Dios para nosotros. Descubrimos que la fe es también batalla, y Romanos 4:18 cobró un nuevo matiz:

> *Él [Abraham] creyó en esperanza contra esperanza, para llegar a ser padre de muchas gentes, conforme a lo que se le había dicho: Así será tu descendencia.*

## La fe es batalla

En el mundo, obran fuerzas espirituales que se oponen al propósito de Dios en nuestra vida. Estas fuerzas contrarias hacen todo lo posible para detener el desarrollo espiritual de las personas. Aunque no deseo hacer demasiado énfasis en el tema, tampoco quiero cometer el error de pasar por alto las maquinaciones de Satanás, nuestro enemigo.

La experiencia de Abraham no fue sencilla. Las fuerzas sociales eran contrarias, ya que nadie podía entender por qué un hombre de su edad se empeñaba en creer que iba a tener un hijo. La sociedad no puede comprender la conducta de fe y rechaza a los que viven por ella. La experiencia personal y el sentido común le decían a Abraham que no había posibilidades. Toda su vida, había anhelado un hijo que no llegaba. ¿Por qué creer ahora que sí lo haría?

Además, las fuerzas naturales mismas estaban en su contra. La naturaleza establece una edad y ciertas condiciones para que una persona pueda procrear. De manera que en este caso en particular, la decisión de tener fe en Dios representaba un desafío a todo lo prefijado.

Para Abraham, *fe* era sinónimo de batalla. En esperanza contra esperanza, decidió creer. Creyó contra la experiencia personal; creyó contra la opinión social y estuvo dispuesto a creer contra la naturaleza misma. Esto que a cualquiera le podría parecer locura es uno de los testimonios de fe más hermosos en las Escrituras.

> **Toda persona que desee alcanzar algo mediante la fe debe saber que la fe no es una varita mágica.**

Toda persona que desee alcanzar algo mediante la fe debe saber que la fe no es una varita mágica. En muchos sentidos, tener fe significa pelear, luchar y entrar en guerra, aun con la naturaleza misma.

## Una fe con objetivo

El texto bíblico dice que la batalla de Abraham era «para llegar a ser padre de muchas gentes». La acción de fe necesita una orientación específica. Un proverbio dice: «Quien no sabe a dónde va, no llegará a destino». Las metas deben estar determinadas con claridad antes de iniciar la batalla. De otro modo, terminamos dando golpes en la oscuridad.

Pelear por pelear no lleva a ninguna parte. Sin embargo, pelear *para llegar a...* eso es fe. La expresión «para llegar a» supone una meta, y la meta a su vez supone una visión; en este caso, celestial. Las metas, las visiones y la fe siempre señalan hacia delante. La batalla de la fe no consiste en retroceder para pelear con el diablo. Más bien, es proyectarnos con fe hacia el futuro y asirnos de aquello para lo cual nosotros fuimos asidos (ver Filipenses 3:12).

## Tranquilos y en marcha

Moisés, por ejemplo, se encontraba frente al Mar Rojo cuando oró a Dios buscando ayuda. El mensaje que recibió tenía dos orientaciones distintas. Por un lado, no tenía que pelear.

> *Jehová peleará por vosotros, y*
> *vosotros estaréis tranquilos.*
>
> Éxodo 14:14

Y de inmediato, se agrega:

> *Entonces Jehová dijo a Moisés: ¿Por qué clamas*
> *a mí? Di a los hijos de Israel que marchen.*
>
> Éxodo 14:15

Muchos preguntaríamos: «¿Qué debemos hacer: quedarnos tranquilos o marchar?». La confusión se disipa cuando comprendemos que Dios se refiere a cosas completamente distintas. Por un lado, habla respecto al enemigo (en este caso, Faraón), e indica que debían *estar tranquilos*. No obstante, en cuanto a la meta trazada (la tierra prometida), era importante que *avanzaran*.

Esto nos ayuda a visualizar un principio. El Señor no espera que gastemos fuerzas peleando con el enemigo. Más bien, desea que empleemos cada gota de energía haciendo Su voluntad, adelantando en Su propósito y desarrollando la visión celestial. Para pelear con el diablo, es necesario mirar hacia atrás, pero Dios nos quiere con los ojos puestos en la meta y no desea distracciones, porque implican retrasos.

## Orientación divina

Las metas no se pueden fundamentar en el capricho. Deben tener como base una palabra que llegue por iniciativa divina y que nos revele el plan de Dios. Este principio está al final de Romanos 4:18, el versículo que estamos considerando. Allí, Pablo nos aclara que la meta de Abraham se definió al recibir una palabra específica de Dios: *«conforme a lo que se le había dicho»*.

> **Los hombres de fe no son electores; son más bien elegidos. Descubren las metas y el propósito de Dios; no lo diseñan.**

Un propósito inquebrantable que nace del corazón de la persona es obstinación, pero uno que brota del corazón de Dios es fe.

Los hombres de fe no son electores; son más bien elegidos. Descubren las metas y el propósito de Dios; no lo diseñan.

Abraham no alcanzó la meta al azar, sino que «se le había dicho». Por lo tanto, en el proceso de establecer metas, la revelación divina representa un papel determinante.

## Motivo-acción

Quien define una causa halla una razón para luchar. La fe es una fuente inagotable de motivación. Al hablar de motivación, no quiero que se me interprete de manera superficial. No debemos pensar sencillamente en gusto, placer o deseo. La motivación nos pone en marcha. Por eso, en ciertas ocasiones, suelo hablar de la *motivo-acción*.

Tener fe es creer que la gracia divina nos sostendrá en todo lugar adonde nos lleve Su voluntad.

La fe no es una varita mágica. Tampoco es un hada madrina que nos concede todos nuestros deseos. A menudo, es necesaria una fe combatiente que se atreva a pelear y a resistir, aun cuando no veamos de inmediato la respuesta a nuestras oraciones.

## Otra clase de fe

Cualquiera puede tener fe cuando las contestaciones y los milagros llegan pronto. ¿Pero qué sucede cuando pasamos días y semanas esperando respuesta a una oración y no parece llegar? En ese momento, necesitamos

> *¿Pero qué sucede cuando pasamos días y semanas esperando respuesta a una oración y no parece llegar?*

una fe guerrera; una fe como la de Abraham, atrevida y perseverante.

Termino este tema haciendo alusión a un tipo de

fe poco apreciada, e incluso difamada por algunos. Me refiero a la *paciencia*. La paciencia es fe extendida. Es fe que permanece aun cuando no vemos respuesta. Es una profunda convicción (incluso cuando no vemos) de que Aquel que prometió es fiel para cumplir Su promesa. Es el tipo de fe que necesitamos para mantener la actitud adecuada hasta el día en que veamos la materialización de la Palabra de Dios en nosotros.

## CAPÍTULO 5

# La fe que no se debilita

*Y no se debilitó en la fe al considerar su cuerpo,*
*que estaba ya como muerto (siendo de casi cien*
*años), o la esterilidad de la matriz de Sara.*

Romanos 4:19

Una vez que el pecado incursiona en la realidad humana, notamos una tendencia general al desorden, a la destrucción y al deterioro. La Biblia nos revela con claridad que la consecuencia inevitable del pecado es la muerte. Esta tendencia, entonces, es parte del proceso de muerte en que se encuentra el ser humano a causa del pecado.

En el aspecto social, esta inclinación negativa se observa de manera acentuada. En raras ocasiones oímos de disminución en la incidencia de alguna lacra social. En realidad, sucede lo opuesto. Los males sociales aumentan y nuestros pueblos se deterioran. El maltrato de menores, el hostigamiento sexual, el vicio a las drogas, la violencia doméstica, el divorcio, la infidelidad conyugal, el robo, la mentira y otros tantos males van en aumento día a día sin que los pueblos logren hallar solución. Peor aún, los mismos sistemas gubernamentales y religiosos son objeto de esta erosión moral y espiritual. No existe una tendencia natural al desarrollo.

Todo parece indicar que un objeto abandonado tiende a deteriorarse hasta arruinarse del todo, a menos que hagamos algo para evitarlo. Lo vemos en el plano de la salud. Se requiere de un esfuerzo consciente para mantener el cuerpo físico en condiciones óptimas. Por ejemplo, si cerramos una casa durante un tiempo prolongado sin que nadie entre, al volver a abrirla nos llevamos la sorpresa de que reina el caos: hay malos olores, suciedad, moho y un deterioro general. Un jardín desatendido pronto se llena de abrojos, insectos y mala hierba.

De igual manera, las relaciones entre personas no sobreviven cuando se desatienden. Si una amistad no se cultiva, las malas interpretaciones, los malentendidos, la frialdad y la distancia pueden terminar por arruinar la relación. Es indispensable tomar medidas y realizar un esfuerzo planificado para evitar el deterioro tan común en la vida.

## La dimensión espiritual

Es importante observar la dimensión espiritual y analizar cómo esta tendencia negativa puede afectar nuestra fe. Conscientes de esta inclinación, no debemos abandonar nuestra vida en manos del azar. Como colaboradores del Espíritu Santo, trabajamos con Él en el desarrollo y diseño de nuestra vida. Esto supone una ocupación responsable en lo que somos y deseamos llegar a ser. Cultivar una buena relación cotidiana con el Señor debe ser una prioridad en la vida de los cristianos que anhelan una auténtica prosperidad. En una ocasión, el Espíritu Santo dijo a mi corazón: «En la rutina diaria de tu vida cristiana, me revelaré a ti. Allí me hallarás».

## El crecimiento no es automático

Nada ocurre de manera automática en la vida cristiana. No podemos esperar que el crecimiento y el avance se produzcan espontáneamente solo porque seamos creyentes. Quien piensa de esa manera pronto sufrirá desaliento y desánimo.

Como en el caso de Abraham, debemos evitar que nuestra fe se debilite. Si no la atendemos de manera apropiada, como el que amorosamente cuida un jardín, pronto observaremos que las hojas comenzarán a caer y no llegará el fruto esperado.

Al lanzar una pelota al aire, esta sube de manera constante, hasta que el efecto de la fuerza de gravedad sobre ella logra que cambie su trayectoria. De inmediato, comienza a descender. Así es la fe. Se fortalece o se debilita, pero nunca queda paralizada. Lo que comúnmente se llama «estancamiento espiritual» es en realidad un retroceso en la fe.

Hay un profundo mal que aqueja cada vez más a la Iglesia de Cristo en esta época de la historia: el debilitamiento de la fe. Por todas partes en reuniones de consejería, encuentro a creyentes que comenzaron su vida cristiana con grandes expectativas, pero que al no verlas cumplidas de la manera que esperaban, se han frustrado, pensando que ya no hay esperanza.

## Nunca es demasiado tarde para Dios

Algunos creen que es demasiado tarde o que su problema es demasiado complicado. Hace unos años, predicaba en una iglesia presbiteriana en la isla de Puerto Rico, cuando una anciana de 93 años, que hacía años que no veía, dio testimonio de la sanidad divina de sus ojos. La congregación se mostró impresionada, no de que Dios sanara enfermos, sino de aquel caso en particular. Tal vez, algunos creyeran que a esa edad ya era demasiado tarde. El paso del tiempo es una de las razones que algunos dan para que su fe se haya debilitado. No obstante, para Dios nunca es tarde.

No hay una razón buena o justificable para debilitarnos en la fe. Algunos usan ciertas circunstancias como excusa cuando se les pregunta acerca de su fe debilitada, pero tenemos que sopesar los argumentos de cada situación con lo que dice la Palabra de Dios, y entonces juzgar qué pesa más. Sin duda, descubriremos este secreto: no importa lo que digan las circunstancias ni lo que opinen las personas; tampoco importa lo que vean los ojos. Por encima de todo, «sea Dios veraz, y todo hombre mentiroso» (Rom. 3:4).

> **Por encima de todo, «sea Dios veraz, y todo hombre mentiroso» (Rom. 3:4).**

Consideremos la experiencia de otros que estuvieron en situaciones similares o peores a las nuestras y no se debilitaron en la fe.

### Un caso singular

Recuerdo el caso de una muchacha que asistía a nuestras reuniones de estudio bíblico. Era dinámica, aunque sufría continuas depresiones. Estaba entusiasmada con nuestro ministerio y nos acompañaba a campañas y a reuniones de énfasis espiritual. Procedía de un hogar dividido y se había criado con su abuela. Todo contribuía a su crisis emocional.

Un día, se me acercó para pedirme oración por una petición que calificó de «especial». Por su manera de plantearla, tuve la impresión de que se trataba de un secreto, aunque, más tarde, me dijo que había hecho la misma petición a muchas personas. Luego de varios rodeos, me comunicó su motivo de oración. Anhelaba que Dios le diera un esposo.

Ella consideraba que esta petición era sumamente especial. A mí también me pareció así, de modo que me uní a ella en oración.

De vez en cuando, esta mujer me asaltaba con preguntas, para saber si yo estaba orando o no por su motivo de oración. Después de mi respuesta afirmativa, se retiraba, aunque se mostraba insatisfecha.

Mis palabras de motivación no eran suficientes para calmar su anhelo de respuesta. Sin duda, era una tremenda batalla capaz de debilitar la fe de cualquiera, pero no la suya. Su edad avanzada (al menos en su opinión personal) y su problema de notable obesidad, entre otras realidades, eran agravantes en su lucha de fe. Aun así, su determinación era firme. Las circunstancias no pudieron frustrar su fe.

Después de algunas semanas, fue a verme de nuevo en busca de consejos. Mis palabras fueron breves y mi orientación clara… o eso pensé. Le dije: «Mujer: orar, orar, orar y orar es la única solución que veo». A modo de ilustración y en forma figurada, le dije: «Hágale una huelga a Dios. Ore y sea específica con Él». Lo que quise decir era que orara sin cesar.

## «Huelga» al Señor

No podía imaginarme que esta mujer tomaría mis palabras de forma literal, y mucho menos la manera en que las aplicaría. Fue a un almacén de efectos escolares, compró cartulinas y rotuladores de colores, preparó carteles y llenó todo su dormitorio. Cada uno establecía sus consignas de huelga. Al tiempo, su abuela me llamó pidiendo ayuda. Pensaba que su nieta se había vuelto loca.

En realidad, parecía un chiste. Toda la habitación estaba llena de carteles con proclamas tales como: «Casada sí. Soltera no.», o «No es bueno que el hombre esté solo; he aquí una idónea dispuesta». Nada debilitaba la fe de esta valiente mujer. Había decidido no hablar con Dios de otra cosa hasta que le contestara su petición. Marchaba cada noche alrededor de la cama con los carteles en alto. Esto lo hacía con toda seriedad y sinceridad de espíritu.

Y Dios la premió.

En esos días, conoció a un pastor que, al igual que ella, oraba pidiéndole a Dios una compañera. La muchacha fue específica en su oración: «Señor, me quiero casar con ese pastor gordito». Seis meses más tarde, se casaron.

El propósito de esta narración es ilustrar con una experiencia real cómo la fe, cuando no se debilita, es eficaz en todos los órdenes de nuestra vida.

## El caso de Abraham

El caso de Abraham es típico.

> *Y no se debilitó en la fe al considerar su cuerpo, que estaba ya como muerto (siendo de casi cien años), o la esterilidad de la matriz de Sara.*

> Romanos 4:19

Abraham tenía razones de sobra para debilitarse en la fe, pero no lo hizo. La mayoría no necesitaría circunstancias tan adversas para sentir justificación para abandonar su fe. Solo una de las limitaciones de Abraham bastaría para detenerlas. La situación del patriarca era crítica, y representaba un problema serio.

En primer lugar, su cuerpo estaba ya como muerto debido a su avanzada edad. Esta condición le impedía engendrar al hijo de la promesa. En segundo lugar, Sara era ya una anciana de ochenta años y no estaba en edad de tener hijos. En su cuerpo ya no quedaban óvulos que pudieran fecundarse, razón más que justificada para perder la fe de tener un hijo. En tercer lugar, y como si lo anterior fuera poco, Sara había sido estéril desde la juventud. Su matriz nunca había tenido la capacidad de concebir.

## No dudó y no negó

Dudar era un lujo que Abraham no estuvo dispuesto a darse. A pesar de las circunstancias, decidió creer la promesa. Entendía con claridad la realidad que lo rodeaba. Su fe no consistió en negar estas realidades contrarias, sino en evitar que ellas debilitaran su fe en Dios. Fe es confesar, decir, decidirse a repetir lo que Dios afirma y no lo que ven los ojos naturales.

## Creer hasta que llegue

La fe no se puede fundamentar en la sabiduría humana, sino en el poder divino. Los hombres se detienen ante lo difícil. La fe, en cambio, supera lo imposible, y no se detendrá hasta alcanzar aquello que ha prometido el Padre.

¿Hasta cuándo debemos tener fe? Hasta llegar a ser lo que Dios ha establecido. La meta la establece el Señor, y no nosotros, y la mediocridad no es parte del plan para Sus hijos. De modo que al movernos con fe, lo hacemos en un marco de excelencia, procurando

> **El que desmaya en el momento más oscuro, tal vez se rinda solo segundos antes de que comience la aurora.**

siempre lo óptimo, que es la voluntad de Dios. La fe no se detiene antes de alcanzar la meta. El que desmaya en el momento más oscuro, tal vez se rinda solo segundos antes de que comience la aurora.

Si alguien pregunta: «¿Hasta cuándo tendrás fe?», conteste: «¡Hasta que llegue la respuesta!».

## CAPÍTULO 6

# Fortalecidos en fe

*Tampoco dudó, por incredulidad, de la
promesa de Dios, sino que se fortaleció
en fe, dando gloria a Dios.*

Romanos 4:20

Acudo una vez más al elemento del cultivo como recurso ilustrativo. Antes mencioné que solo la mala hierba crece sin que la atiendan, y cultivar un lindo jardín requiere esfuerzo y planificación. También hace falta buena tierra, un deshierbe apropiado, la poda oportuna, cantidad de agua indicada y abono específico. Estos son solo algunos de los detalles a tener en cuenta si deseamos cultivar como es debido. Asimismo, hay ciertos secretos y verdades que, como el agricultor, el hijo de Dios debe conocer a fin de fortalecer su fe.

## Planificar el fruto

Es importante considerar la cantidad y la calidad del fruto deseado. La inversión que hagamos depende de manera proporcional de la expectativa de cosecha. Quien espera un producto de excelencia y calidad supervisa la semilla, eligiendo solo la que corresponde a sus expectativas de cosecha. De igual modo, la cantidad de la cosecha guarda relación con la cantidad de la siembra. Si sembramos en abundancia, así segaremos; si lo hacemos con escasez, la cosecha será escasa.

Paso a paso, debe supervisarse el proceso a fin de obtener el fruto anhelado, y es necesario atender con cuidado el crecimiento de la fe. La pureza de la fe determina la calidad de sus productos. A mayor calidad, mayor eficacia.

## El conformismo es un lujo que no podemos darnos

El ejemplo de Abraham es útil para ir descubriendo «secretos» de fe que contribuyen al desarrollo de una vida abundante. Este «padre de la fe», como lo llama la Biblia, no se permitió el lujo del conformismo.

En Romanos 4:20, vemos un vivo deseo de crecimiento. Abraham nunca creyó que ya había crecido lo suficiente ni que había alcanzado la estatura ideal. Para él, el desarrollo era continuo: «se fortaleció en fe».

Cuando una persona se deja esclavizar por ese engañoso sentimiento de satisfacción, sus posibilidades de crecimiento menguan y su utilidad en Dios disminuye. Quien cree haber llegado a la meta deja de soñar, de desear y de anhelar nuevas cosas en Dios, y asume una actitud soberbia que no le permite ver más allá de sus posibilidades.

## Crecimiento continuo

Es importante entender que el crecimiento o fortalecimiento en la fe es permanente.

*Mas la senda de los justos es como la luz de la aurora,*
*que va en aumento hasta que el día es perfecto.*

Proverbios 4:18

La meta establecida por Dios es la plenitud. En este proceso, la regla es el crecimiento continuo. Ese es el deseo del Señor y debe ser también el nuestro.

A la iglesia de la época bíblica, se la llamó iglesia «del camino». No se dejó atrapar por el sistema. Rompió moldes y se rebeló contra el *status quo*. Para esto, hay que estar despierto y deseoso de algo más:

1. **Despierto:** porque quienes duermen en la inconsciencia ni siquiera se dan cuenta de que los está arrastrando una corriente conservadora que no tiene ni quiere la revelación de Dios.

2. **Deseoso:** porque el fortalecimiento en la fe no se impone, sino que exige un fuerte anhelo de crecimiento. El deseo de superación nos aleja de la mediocridad, que es uno de sus mayores enemigos. En esta batalla, donde fuerzas contrarias atacan de continuo al hombre, el que no crece muere.

## Decidir crecer

Fortalecerse en fe, además de ser un deseo, es una decisión. Decídase a crecer cueste lo que cueste. Sin un ardiente anhelo, falta un ingrediente indispensable para perseverar. Sin decisión, se apaga la chispa de impulso que conduce a grandes logros. La fe no es pasiva ni acomodadiza; es dinámica, revolucionaria, visionaria y atrevida.

La fuerza de la fe surge de una relación vital con Dios. La fe no es el recuerdo placentero de una grata experiencia del pasado, sino el contacto cotidiano, como parte de una relación viva que reconoce la presencia, la voluntad y el poder de Dios en cada detalle de la vida.

## Un secreto del crecimiento en fe

Abraham se fortaleció en la fe «dando gloria a Dios». Si glorificamos a Dios reconociendo Su acción permisiva tras cada cosa que nos ocurre, somos fortalecidos en fe. Descubrir el cuidado y el respaldo del Señor en cada detalle de nuestra vida fortalece la fe.

Para dar gloria a Dios, hacen falta más que palabras. Comencemos por reconocer las obras del Señor. Alcemos la mirada al cielo y confesemos que Él hizo todo lo creado, que Su mano sostiene todo el universo y que en Él son y están todas las cosas. No permitamos el plagio: nadie merece crédito por lo que solo Dios ha hecho.

La gente suele atribuir a la suerte, a la casualidad, a la capacidad personal o a otras causas la victoria en algún asunto cotidiano, sin percatarse de que Dios se ocupa de cada detalle en nuestra vida. Aquel que cuida el vestido de las flores y la dieta de los pajaritos está también al tanto de todo lo que sucede a nuestro alrededor. No reconocer a Dios en estas pequeñeces parece insignificante, pero verlo en cada aspecto de la vida nos permite crecer en fe para el momento en que haga falta ejercerla.

## Ejercicios rutinarios de fe

Tenemos que dar gloria a Dios aun en los detalles más comunes y corrientes. Por ejemplo, recordemos que el dinero que recibimos semanal o mensualmente es provisión divina. De esta manera, cuando falte el empleo, podremos confiar en que Aquel que nos sostuvo en tiempo de abundancia, estará a nuestro lado y suplirá en tiempo de problemas o escasez.

Glorificar a Dios cada mañana porque hace salir el sol es un ejercicio que fortalece nuestra fe para el día malo. No honrarlo de esta manera es robarle gloria y socavar los cimientos de nuestra fe. Reconozcamos que de Él salió la chispa que puso en movimiento el universo y la fuerza que lo sostiene.

El mundo no puede entenderse como un reloj al que un día Dios le dio cuerda y luego abandonó para que siguiera funcionando y se las arreglara como pudiera. Nada de eso. Él se mantiene atento a toda la maquinaria y garantiza su buen funcionamiento. Es la dínamo de la que todos recibimos energía.

*Yo soy la vid, vosotros los pámpanos; el que permanece en mí, y yo en él, éste lleva mucho fruto; porque separados de mí nada podéis hacer.*

Juan 15:5

Este pasaje nos habla de dependencia absoluta. Recordemos la afirmación de Pablo: «Todo lo puedo en Cristo que me fortalece» Filipenses 4:13. También nos habla de relación vital. El reconocimiento de la gloria de Dios da carácter de permanencia a nuestra relación con Él, y en la perseverancia en la fe hay abundancia de fruto. Esta dependencia consciente glorifica al Señor, pues nos mantiene en una continua proclamación de Su grandeza y Su poder.

## No es un espectáculo público

Dar gloria a Dios no tiene nada que ver con el espectáculo público de personas que, con frases estereotipadas, procuran impresionar a los demás y atraer la atención hacia sí mismas, creyendo que así muestran más fe. Esta gente se engaña a sí misma, porque la auténtica alabanza siempre se dirige a Dios y no busca el reconocimiento de los hombres, sino que procura dar gloria a quien hace maravillas. Dar gloria a Dios debe ser algo que ocurre a puertas cerradas. Allí donde no hay testigos, donde no está el deseo de impresionar a nadie, donde solo nos mueve la profunda convicción de que «Pues si vivimos, para el Señor vivimos; y si morimos, para el Señor morimos...» (Romanos 14:8).

A Dios se le da gloria a cara descubierta, abandonando los hábitos o ropajes que impone la religión, y dejando de lado la apariencia que procura proyectar el hombre. No se glorifica a Dios imitando ni tratando de fingir ser lo que no somos, sino presentándonos delante de Él tal como somos y a título personal, y sin imitar la voz ni el estilo de algún admirado profeta. Glorificamos a Dios abriendo el corazón en sincero reconocimiento de que solo Jesucristo es digno de gloria y honra.

## La máscara religiosa

Hace algunos años, desarrollábamos una campaña evangelística junto a un compañero predicador. A los pastores les pareció bien designar a cierta hermana para que dirigiera los cultos, algo que hacía muy bien. Tenía la capacidad de motivar a la congregación con gran entusiasmo, y elevaba la voz haciendo preguntas a las que los demás contestaban de manera unánime. Yo había predicado por más de 40 días seguidos y, a veces, en más de dos reuniones al día. Cuando esta mujer decía: «Si usted no siente gozo, Jesucristo no está en su corazón», yo me sentía culpable. El cansancio físico había hecho que mi estado anímico no fuera el mejor. Por otro lado, había predicado bajo la lluvia, y un resfriado me mantenía con fiebre y dolor en los huesos.

¡Cuán grande fue mi sorpresa cuando el compañero evangelista me dijo que la directora de culto deseaba una entrevista privada para hablar de sus problemas personales! Y luego, la sorpresa fue mayor cuando me dijo: «Pastor, me he sentido muy angustiada y triste durante los últimos meses. He sentido que el gozo se fue de mí. Ya no siento la presencia de Dios».

Esta experiencia me hizo comprender la increíble máscara que impone la religión a sus esclavos. Esta hermana era incapaz de aceptar que Dios seguía siendo fiel en el dolor y en la tristeza.

## Un lugar para los entristecidos

En la iglesia del Señor, hay lugar para los que están tristes. Dios no espera una sonrisa del que atraviesa momentos de dolor; espera una sincera oración.

*¿Está alguno entre vosotros afligido? Haga*
*oración. ¿Está alguno alegre? Cante alabanzas.*

Santiago 5:13

En la iglesia, hay lugar tanto para el que está alegre como para el que está afligido. El principio que se aplica aquí no es desconocer la realidad negativa sino afrontarla, sabiendo que en Cristo hay solución.

## Tristes pero esperanzados

El apóstol Pablo hace una convincente aclaración respecto a los que tenían seres queridos que habían muerto.

> *Tampoco queremos, hermanos, que ignoréis acerca*
> *de los que duermen, para que no os entristezcáis*
> *como los otros que no tienen esperanza.*
>
> 1 Tesalonicenses 4:13

El apóstol no intenta evitar que se entristezcan, sino que lo hagan de manera distinta a los demás. La diferencia que menciona Pablo se llama *esperanza*. La falta de esperanza es producto de la ignorancia en la que vive el mundo.

Todo aquel que no sabe que Dios tiene todo el universo en Sus manos, no tiene esperanza. Por eso, esa persona no puede glorificar a Dios cuando le ocurre algo negativo. Sin embargo, el que entiende la soberanía divina, alaba a Dios en todo tiempo, aun cuando experimenta tristeza. Esa persona crece en fe al comprender que la mano del Señor, aunque invisible en ocasiones, no se aleja.

La fortaleza de nuestra fe no consiste en tratar de convencer a Dios de que haga algo por nosotros. Más bien, se trata de alabarlo por lo que Él hace y ya ha hecho.

## CAPÍTULO 7

# La dependencia del poder de Dios

*Plenamente convencido de que [Dios] era también*
*poderoso para hacer todo lo que había prometido.*

Romanos 4:21

Hemos tratado tres aspectos de la fe de Abraham: la fe guerrera, la fe que no se debilita y la fe que crece o se fortalece. Ahora consideraremos la fe que depende del poder de Dios.

En nuestra época, la fe está de moda. Pareciera que todo el mundo habla de fe y sostiene su punto de vista en cuanto a qué es y cómo funciona. Unos identifican la fe con el pensamiento positivo, otros con la autoestima y aun con el misticismo.

## Tener fe en la fe carece de sustancia

Sin duda, una actitud de fe produce pensamientos positivos, ayuda a fortalecer la autoestima y genera ciertas experiencias que algunos calificarán como «místicas». Con todo, es importante que, en el proceso de entender la fe, no olvidemos que tener fe en la fe misma carece de sustancia.

Cuando en la ecuación que define nuestra fe no aparece Dios, el hombre se convierte en un idólatra de la fe. La fe viene de Dios y va hacia Él. Una manera saludable de examinarla es preguntar hacia dónde señala. La fe, cuando es auténtica, procura la gloria de Dios y no el capricho humano.

## La fe complace a Dios

Indudablemente, tanto Sara como Abraham deseaban tener un hijo. Sin embargo, la verdadera fe no se nos da solo para complacer el interés humano, sino que se apoya en el deseo del corazón de Dios. La fe es una fuerza arrolladora, pero solo puede ejercerse con propiedad cuando se fundamenta la Palabra de Dios.

Los intentos de Abraham por producir el cumplimiento de la promesa divina con recursos terrenales y humanos no lograron sino distanciarlo del plan original y complicar el proceso. Sus esfuerzos carnales trajeron tensiones entre él y su esposa, además de un hijo fuera del matrimonio.

El apóstol Pablo lo ilustró de forma vívida: «Pues aunque andamos en la carne, no militamos según la carne» (2 Corintios 10:3). La carne o el cuerpo es el medio a través del cual nos expresamos en la Tierra. Pablo dice que estamos sujetos a este cuerpo; por lo tanto, a sus debilidades y necesidades. Pero si no batallamos según la carne, entonces esta no tiene por qué limitarnos.

## Opciones fuera de este mundo

Cuando el hombre natural o no cristiano tiene problemas económicos, acude al banquero o prestamista; cuando tiene problemas de salud, va al médico; cuando sus problemas son emocionales, busca ayuda con un psicólogo; y cuando ninguno de estos puede calmar su ansiedad, acude al psiquiatra. El hijo de Dios tiene todas estas opciones; pero también tiene otras que no son de este mundo.

## Un sueño

Hace unos años, tuve un sueño que me hizo comprender esta idea con más claridad. En el sueño, me encontraba predicando. Le hablaba a una congregación de mediano tamaño dividida por un pasillo central. Mientras ministraba, el Espíritu de Dios me hacía conocer los corazones y comprender quién era creyente y quién no. Oí entonces la voz del Señor que decía a mi corazón: «¿Ves a estos?» Y señalaba a los que no eran creyentes. «Tienen problemas. Y estos otros, los convertidos, también los tienen. ¿Ves a estos, los que no creen? Tienen problemas económicos. Y estos otros, los creyentes, también…» La voz del Señor continuó por un rato, mencionando necesidades que eran comunes al hijo de Dios y al no creyente.

Más tarde, me animé a preguntarle a Dios: «Entonces, ¿cuál es la diferencia?». Refiriéndose a los creyentes, me dijo con voz firme y amorosa: «Que estos me tienen a mí en medio de sus luchas». El principio es claro: El creyente afronta los mismos problemas que el no creyente, pero cuenta con recursos que no tienen los demás.

## Si Elías pudo, usted también puede

Consideremos el caso de Elías. Era un hombre sujeto a limitaciones y presiones como las de cualquier otro, pero cuando oró para que no lloviera, el cielo cerró el suministro por espacio de tres años y medio. Luego, oró para que lloviera, y la respuesta no se hizo esperar: hubo agua abundante conforme a su ruego. De manera que la fe no radica en la capacidad del hombre, sino en la de Dios.

## El joven panameño

Terminaba de predicar un mensaje en Panamá, cuando se me acercó un joven cargado de preocupaciones.

«Quiero que me diga aquí abajo lo que dijo allá arriba», declaró.

Pensé por un momento, y le pregunté a qué parte del mensaje se refería. Con lágrimas en los ojos, me suplicó que le dijera que Jesucristo lo amaba y que lo liberaría del fuerte vicio de drogas que lo esclavizaba. De inmediato, le dije que Cristo lo amaba y que podía liberarlo. Entonces, el joven me aclaró que, si él estaba allí, era porque creía que Jesucristo podía hacerlo. Su duda no era si Cristo podía, sino si lo liberaría o no esa misma noche. La pregunta del joven era clara y directa, e igual fue mi respuesta.

—Joven —le dije—, Jesucristo tiene el poder para liberarlo de su vicio de drogas y tiene el deseo de hacerlo. Pero la victoria depende tanto de usted como de Él.

—¿Cómo es esto? —preguntó el joven.

—Usted tiene el deseo de ser libre, y para eso tiene el poder de creer en Jesucristo, poniendo en Él su fe y confianza —le respondí—. Si así lo hace, Cristo, que tiene el poder de liberarlo, no tardará en regalarle un milagro.

—Yo creo —respondió el joven de inmediato.

Oré por él, junto a varias personas. Cuando puse las manos sobre él, se desplomó. Unos minutos más tarde se levantó para dar testimonio de que habían desaparecido los síntomas del vicio. Años más tarde, un pastor amigo me dijo que el joven era pastor en una iglesia de la provincia de los Santos en Panamá.

La fe que agrada a Dios depende completamente del poder divino y no del ingenio humano. Consiste en creer que Él puede hacer todo lo que dice y que hará todo lo que ha prometido. También debemos creer que somos todo lo que Dios afirma, y que, si Él declara que podemos, entonces así es.

# TERCERA PARTE

# La fe que agrada a Dios

## CAPÍTULO 8

# La fe es confianza

*Pero sin fe es imposible agradar a Dios;*
*porque es necesario que el que se*
*acerca a Dios crea que le hay, y que es*
*galardonador de los que le buscan.*

Hebreos 11:6

Este pasaje de Hebreos parece evocar las palabras de Habacuc 2:4: «Mas el justo por su fe vivirá». Ese principio quedó demostrado en la vida de Enoc, quien vivió por fe y tuvo testimonio de haber agradado a Dios.

Durante la primera parte de este libro, mencioné cuatro características de la fe de Abraham. Ahora presentaré otros aspectos y a otros hombres como ejemplos de fe. Aun así, debo comenzar con una aclaración.

## La fe no es un producto intelectual

Se nos ha dado la fe como una llave para abrir puertas de bendición. Sin embargo, algunas definiciones confusas la convierten en obstáculo, cuando confundimos la fe con un producto intelectual. La idea de creer que se produce fe al concentrar el pensamiento nos aleja de la realidad bíblica de la fe.

Cuando una persona convence a su intelecto de que

algo que no existe en realidad sí existe y lo ve, no podemos llamar a eso fe, sino alucinación.

Este ejemplo que sigue puede parecer pueril, pero es sumamente claro. Si usted utiliza este libro en uno de esos raros ejercicios de «fe», y concentra su mente mientras repite: «No es un libro, es una hamburguesa; no es un libro, es una hamburguesa», y si después de mucha repetición comienza a sentir el olor de la hamburguesa, han ocurrido dos cosas. En primer lugar, ha confundido la fe con el «mentalismo». Y en segundo lugar, si se come el libro y le sabe a hamburguesa, necesita un psiquiatra con urgencia. Eso no es fe.

## La fe no es un producto emocional

Otros confunden la fe con un producto emocional. Creen que si cargan la oración con emociones, eso producirá la fe necesaria para creer y que salgan los demonios o se sanen los enfermos. Sé que la experiencia de fe es emocionante. Con todo, si se tratara de un producto emocional, ninguna madre enterraría a un hijo muerto, porque al tratarse de una situación tan emotiva, la extraordinaria fe que generaría la mujer lo resucitaría al instante.

## La fe es un producto espiritual

Entonces, ¿qué es la fe? Es un producto espiritual hecho en el cielo. La fe no es un elemento complicado sino sencillo. Hebreos 11:6 declara que «sin fe es imposible agradar a Dios». Esto es así porque la fe es confianza. Es confiar en que Dios es todo lo que ha dicho que es, que puede hacer todo lo que ha afirmado, y cumplirá todo lo que ha prometido.

Observemos que la fe no señala hacia la persona, sino a Dios. Tener fe es estar de acuerdo con Él en todo lo que declara.

La falta de fe desagrada a Dios porque es desconfianza. Así que la próxima vez que hable de su fe, piense antes de contestar si tiene fe o no. Recuerde que lo que contesta es en realidad si confía o no en la veracidad de lo que Dios dice. Esto no solo lo define a usted, sino que también determina la imagen que lleva de Dios en su corazón.

## La fe nos acerca a Dios

La fe es también un asunto de distancia. Determina cuán cerca o cuán lejos se está de Dios. Hebreos 11:6 dice que «… es necesario que el que se acerca a Dios crea…». Para estar cerca del Señor, hace falta fe. O dicho de otra manera, la fe nos acerca a Dios. La confianza es un elemento esencial en cualquier relación; no importa si es matrimonial o de amigos. Nuestro grado de confianza establece hasta dónde podemos llegar en la relación.

El Salmo 95:1 expresa que, antes de aclamar con alegría y de cantar con júbilo, fue necesario *venir*. El versículo 6 aplica el principio: para adorar y postrarse, primero hay que *venir*. Evidentemente, esto es un asunto de distancia. Para que la adoración, la oración o cualquier forma de servicio al Señor sea eficaz, hay que acortar la distancia. Primero nos acercamos a Dios y luego ministramos ante Su presencia.

Esa cercanía no puede ser real sin que medie el elemento de la fe. A medida que avanzamos en el estudio de la fe, mi deseo es que en usted ocurran dos cosas. La primera es que comprenda que la fe no es complicada, sino sencilla y alcanzable; y la segunda es que tome conciencia de cuán indispensable es la fe en su vida.

Hay dos cosas que necesita el que se acerca a Dios, y no son difíciles. La primera es creer que existe, y la segunda, confiar en que Dios nos premia. La primera habla de Su existencia y la segunda de Su carácter. A fin de facilitar la comprensión las trataré por separado.

## Fe es creer que existe Dios

Acercarse a Dios no tiene sentido si uno no cree en Su existencia. Esto es fundamental para que haya relación. Recuerdo que, cuando era pequeño, siempre nos cruzábamos con un borracho maldiciente de ida o de vuelta al colegio. Un día, mi tía Aída, supongo que cansada de tanto escuchar sus tonterías, le preguntó: «¿Por qué maldice a Dios si Él solo nos hace bien?». A lo que el borracho contestó: «Porque no creo en Él». Interesante respuesta. Desde entonces, me he preguntado si tiene algún sentido maldecir lo que no existe.

También me pregunto por qué razón los ateos viven peleando contra un Dios en el que no creen. ¿Y a qué se debe tanto empeño científico por reafirmar que la fe no tiene fundamento?

## Lo absurdo del Big Bang sin Dios

Hace unos años, participé de una conferencia que se dictaba en una universidad de Florida, Estados Unidos, donde un caballero explicó lo que él llamaba la teoría del *Big Bang*. Yo conocía bien el concepto, porque el

Dr. Beauchamp, un buen amigo, médico y estudioso de este tipo de teorías, me lo había explicado. Ese día, el conferenciante explicó que primero era la nada y, después, esa nada explotó.

No pudiendo dar crédito a lo que escuchaban mis oídos, levanté la mano para pedir que me instruyera en el tema. Se me concedió la oportunidad y pregunté:

—Caballero, ¿dijo usted que primero era la nada y que después esto explotó?

—Exactamente —contestó el hombre.

Todavía no podía creerlo, y con asombro, volví a preguntar:

—¿Dice usted que primero había nada, nada, nada, y que luego esto mismo explotó?

Cuando escuché su reafirmación, le dije:

—Entonces usted tiene más fe que yo. Porque yo creo que primero era Dios y que Él creó algo de la nada. Pero para creer que primero era la nada y que luego explotó, se requiere más fe de la que tengo.

Se oyeron risas en todo el salón, y posteriores conversaciones me permitieron conducir a algunos de los presentes a los pies de Jesucristo.

Creer que hay un Dios no requiere tanta fe, porque es un asunto lógico. No en vano dicen las Escrituras: «Los cielos cuentan la gloria de Dios, y el firmamento anuncia la obra de sus manos» (Salmo 19:1). En todas partes, se hace palpable la mano del Señor. Aceptar que este universo maravilloso se creó solo es más difícil que creer que un cuadro en el museo no tenga autor, o que un huevo aparezca sin que haya gallina, o tal vez que Henry Ford fue un mito y los automóviles aparecieron un día por evolución espontánea en un taller cerrado.

## El universo no es un accidente

Aceptar la idea de que el universo tan complejo y preciso, el cuerpo humano en su perfección y el equilibrio ecológico del planeta fueron un producto espontáneo y accidental es menos científico o probable que pensar en un tornado que, al pasar por una ferretería, deje casas construidas a la perfección en lugar de caos y destrucción.

Insisto en que tener fe no es algo difícil; lo complicado es no tenerla. Para acercarse a Dios se requiere creer que existe. ¿Podrá algo impedir que esa fe se active para conquistar las bendiciones de Dios para usted? De ninguna manera. El milagro que tanto ha necesitado hoy está más cerca y accesible que nunca. Lo tiene a la distancia de un paso de fe.

## Dios siempre premia

El segundo punto es este: Dios premia a quienes lo buscan. Este requisito describe Su carácter, y es crucial en lo que respecta a la relación con el Señor. La forma en que usted percibe el carácter de Dios determina el tipo de relación que tendrá con Él.

Hay diversos elementos que inciden en la formación de esa imagen divina en la persona. La cultura, la religión y el hogar son factores influyentes en el desarrollo de esa visión de Dios que se va formando en el hombre. Dos cosas vitales ocurren en la vida de una persona: la primera es cultivar una imagen interior adecuada, y la segunda es destruir una imagen indebida.

## Las imágenes son poderosas

Todos pensamos en imágenes y no en palabras. Si digo «perro», usted ve un perro. Cada lector ve uno diferente. Si quiero que usted vea uno similar al mío, tendré que darle más detalles. De otro modo, verá a su perro favorito, al más odiado, o al más temido. Su experiencia personal determina la imagen que llegará a su mente.

En nuestra relación con Dios, ocurre exactamente lo mismo. Por eso, como el Señor sabe cuántas imágenes distorsionadas puede haber, nos aclara que, en lo que respecta a la fe, debemos tener una imagen nítida. Así evitamos que nuestra relación con Él se nuble por una imagen distorsionada.

Aquellos a los que se les presentó a Dios como un ser que castiga les resulta difícil acercarse a Él, pues temen que los castigue. Si les enseñaron sobre el amor de Dios, les resultará más fácil acercarse al Señor y mostrarle amor. Hebreos 11:6 expresa con claridad qué aspecto del carácter de Dios nos estimula en fe, y es que el Señor siempre premia a quienes lo buscan.

No basta con saber que Dios existe; hay que saber que recompensa. Nuestro Señor presta atención a las cosas que hacemos y son de

**No basta con saber que Dios existe; hay que saber que recompensa.**

Su agrado, y nos premia por ellas. Dios ha llegado a su vida con la intención de recompensarlo.

De niño, aprendí un coro que decía: «En cada paso que das por la senda del mal, hay un Dios que te ve». Esas palabras tocaron mi conciencia. Si bien es cierto que hizo que me alejara de ciertas cosas por tener miedo de que Dios me viera, también me alejó de Dios mismo, porque me parecía que estaba atento a cada uno de mis errores. Durante mi niñez, no pude acercarme a Él con confianza, porque siempre temía que tuviera reclamos que hacerme.

El Señor personalmente se ha encargado de decirnos cómo desea que lo veamos. Tenemos que creer que Él premia a quienes lo buscan. Es evidente que usted ha leído este libro hasta aquí, y eso da testimonio de su anhelo de buscar a Dios. Entonces, ahora debe ver a Jesucristo como quien premia. No caben dudas de que Dios tiene hoy una bendición especial para usted.

## CAPÍTULO 9

# La fe viene

*Así que la fe es por el oír, y el oír,*
*por la palabra de Dios.*

Romanos 10:17

En 1983, me encontraba en Huarás, una pintoresca ciudad en las montañas peruanas, cuando una niña de unos doce años me pidió tiempo para una consulta personal. Uno de sus comentarios me ha acompañado desde entonces: «Usted explicó ayer lo indispensable de la fe para ver la mano del Señor en nuestra vida. Entonces no recibiré nada del Señor...porque mi problema es que no tengo fe».

He vuelto a escuchar esta declaración en muchos países: «Mi problema es que no tengo fe». En este capítulo, explico que eso no tiene por qué ser un problema a partir de hoy. La falta de fe tiene solución.

### Nadie nace creyendo

La liberación de esta gran angustia comienza al comprender que nadie nace con fe. Los héroes de la fe una vez vivieron sin ella. Abraham, Pedro, Pablo, Elías y todos los demás vivieron sin fe en alguna época de su vida. Con esto, le doy una mala noticia: usted no es nada especial. Es una persona tan común y corriente como los demás héroes

95

de la fe. Pero le doy otra noticia, y esta es buena: usted puede llegar a tener tanta fe como ellos, o más.

*Así que la fe es por el oír, y el oír, por la palabra*
*de Dios.*

Romanos 10:17

Dado que el énfasis de este versículo está en la predicación, cabe recordar que al anuncio del evangelio no es una responsabilidad exclusiva de los pastores y líderes (Hechos 8:4). Tampoco es la única forma en que Dios salva a una persona.

Aunque me crié en un ambiente religioso y desde la niñez asistí a la iglesia, recién a los quince años conocí a Jesucristo de manera personal. En mi cuarto, a solas, sin predicador, sin iglesia ni pastor, Jesucristo se hizo real en mi vida. Estaba leyendo una Biblia que le había robado a una ancianita de la iglesia, cuando el capítulo 14 del Evangelio de Juan despertó fe en mi corazón.

La Palabra escrita es una poderosa arma evangelística. Pero en este pasaje de Romanos 10:17, el énfasis de Pablo está en el informe o mensaje comunicado por un hombre. Ya desde unos versículos previos, vemos claramente establecido el principio. Para que una persona sea salva, debe invocar el nombre del Señor.

*Porque todo aquel que invocare el nombre del*
*Señor, será salvo.*

Romanos 10:13

Luego, el versículo 14 continúa el desarrollo del mismo principio y afirma que para invocar hay que *creer*; pero para creer, tenemos que haber *oído* sobre Dios. Por último, vemos que para oír, alguien tiene que *predicar*. Está claro que no ocurre salvación sin que medie una palabra divina. Esta no tiene por qué venir de un clérigo ni de una predicación formal, pero es indispensable que, de alguna forma, el mensaje de Cristo se le comunique a la persona para que esta tenga fe y reciba salvación.

## La fe viene

De ese modo, se establece el contexto para que entendamos con claridad Romanos 10:17. En la versión Reina-Valera 1960, el texto comienza de esta manera: «Así que la fe es por el oír...». Otras versiones de la Biblia lo expresan de esta manera: «... la fe nace al oír el mensaje...» (DHH); «... la fe viene como resultado de oír el mensaje...» (NVI); «... las personas llegan a confiar en Dios cuando oyen el mensaje...»(TLA); «...la fe viene por oír, es decir, por oír la Buena Noticia...» (NTV).

El problema no es no tener fe. Todo aquel que no tiene fe puede llegar a tenerla, porque la fe nace. La fe viene. ¿Y de dónde viene? Viene de Dios, porque es divina. Su realidad, lector, puede cambiar de manera radical con solo aceptar la verdad de que puede creer.

> *Todo aquel que no tiene fe puede llegar a tenerla, porque la fe nace.*

Dios está comprometido con todo lo que dice y ha prometido. Con Su eterno ser y poder, respalda cada palabra que sale de Su boca. Una de las cosas que más aprecio de mi niñez es haberme criado en medio de una familia que comprendía el valor de las palabras. En mi país, hubo una época en que los contratos se sellaban con el pelo de un bigote. Bastaba con que un hombre empeñara su palabra entregando uno de los pelos de su bigote, para que el negocio fuera un hecho perpetuo. Aun los herederos sentían la responsabilidad de honrar a su padre ratificando cualquier acuerdo que hubiera quedado pendiente.

Esos tiempos han pasado, y tal vez sea por eso que hoy algunos dudan de lo que dice Dios. Sin embargo, sigue vigente la proclamación de que «el cielo y la tierra pasarán, pero mis palabras [las de Dios] no pasarán» (Mateo 24:35).

## La sanidad de un paciente de cáncer

El mensaje de Cristo tiene un poder extraordinario: la capacidad de impartir fe. Mientras usted lee la Biblia, o incluso este libro, Dios le está hablando y esa palabra va generando fe en usted. En un ambiente donde las circunstancias no estimulaban mi fe, se me pidió que orara por un anciano paciente de cáncer que estaba desahuciado. Las dudas invadieron mi corazón. Todo indicaba que al hombre le quedaba muy poco tiempo de vida, y nada a mi alrededor me ayudaba a creer que allí había la menor posibilidad de que ocurriera un milagro.

Sin embargo, una palabra de Dios transformó el tétrico panorama. Mientras oraba por el anciano, estaba cargado de dudas y preocupado por miles de personas que esperaban los resultados de aquel encuentro. Me sentía en una lucha desigual entre un cobarde y dubitativo predicador y un poderoso cáncer que mantenía a su víctima en estado de coma. Y entonces, sentí una voz en lo profundo de mi alma que me sacó de la confusión.

Dios me recordó que la lucha no era contra carne ni sangre, y que el gladiador no era yo, sino Él. El Señor dijo a mi corazón: «Si este pueblo espera que sanes a este anciano, se equivoca. Y si tú sientes la responsabilidad de sanarlo, estás equivocado también».

Entonces, lo escuché decir con voz como de un trueno: «Yo soy Jesús, que sano a los enfermos». Todo quedó resuelto para mí; también para el anciano. Solo Jesucristo tiene tal poder, y mi corazón se llenó de convicción. «Jesús lo hará» fue el pensamiento que dominó mi alma.

Un par de días después, el hijo del anciano dio testimonio, con radiografías en mano, de cómo Dios había sanado físicamente a su padre. La fe no es natural ni de fabricación terrenal. Es divina y de origen celestial. No tenerla es un asunto con solución en Dios.

## Fe por la Palabra

La solución para la falta de fe es exponerse a la Palabra divina. Hay un poder sobrenatural que impregna el ambiente cuando se predica el mensaje de Cristo. A Dios le pareció bien salvar a las personas mediante la predicación, y eso la convierte en algo diferente de cualquier discurso que pueda oírse. Creo en la predicación y por eso soy evangelista.

Donde se proclama el mensaje divino, ocurren cosas ajenas al control o a la manipulación del orador, y la exposición a ese ambiente tiene un maravilloso efecto en el interior del individuo. No siempre la persona es consciente de lo que está haciendo Dios en ella a través de Su Palabra, pero se producen cambios profundos. El principio de que la Palabra no vuelve vacía no tiene excepción alguna.

Es frecuente que personas reciban milagros sin saber que han ocurrido. En la República Dominicana, un padre oraba por su hijo enfermo. Cuando terminamos la ministración, celebró con gozo la sanidad física de su hijo. De repente, reaccionó al descubrir que no solo el niño había recibido un milagro sino que él mismo veía a la perfección con el ojo en el cual había tenido una nube. Nunca supo en qué momento de la oración se sanó físicamente, pero el efecto de la presencia divina fue permanente.

Si la fe viene como resultado de oír el mensaje, lo mejor para el que sufre de una fe débil es oír la Palabra de Dios. A mayor exposición, mayor efecto. La fe es el producto de estar expuesto al mensaje de Cristo; por lo tanto, no temo decir que debemos ser selectivos con el tipo de mensaje que recibimos. Si la palabra que escuchamos está cargada de dudas y enfoques negativos en cuanto a la vida, tendrá un efecto nocivo en nuestra fe.

## La genética espiritual

Hace algunos años, he comenzado a pensar que en verdad podemos hablar de genética espiritual. Nunca oí a nadie hablar de este tema, y por eso me he limitado a pensarlo y comentarlo solo con amigos. No obstante, después de observar durante años ciertos fenómenos, ya me siento cómodo para tratar el asunto.

He observado que un evangelista o un pastor engendra

hijos espirituales según su especie. Cuando un creyente es parte de un ministerio que hace énfasis en liberación, verá liberaciones; si el énfasis está en el estudio de la Palabra, el creyente hará lo mismo. Los hijos de un predicador con un fuerte énfasis en milagros, verán milagros. Cada cual engendra hijos según su especie. Del mismo modo, cuando el pueblo se expone a la influencia negativa de un énfasis espiritual desequilibrado, puede degenerar en graves enfermedades espirituales que, en los hijos, llegan a ser peores que en los padres.

Esto pone una enorme responsabilidad en los predicadores, pues cada palabra que pronuncian es sembrada en el terreno del corazón de «niños espirituales», a menudo incapaces de separar el trigo de la paja. Asimismo, pone responsabilidad sobre el oyente, que debe ser selectivo en cuanto al tipo de palabra que escucha, dado que se puede estar jugando su salud espiritual.

La palabra determina la vida. Lo que el hombre oye afecta su forma de pensar, porque el cerebro es semejante a una computadora programable. Lo que pensamos afecta nuestra conducta, porque la mente es el centro de mando que gobierna el comportamiento. Aun nuestras emociones son producto de lo que pensamos o creemos. Y como nuestra conducta no puede estar divorciada por largo tiempo de lo que somos, llega a afectar todo nuestro ser.

Una persona no puede estar mucho tiempo en un trabajo donde su jefe la obligue a mentir, sin convertirse en mentirosa. Tampoco puede someterse a un delincuente y delinquir por amor a esa persona sin llegar a pensar, sentir y vivir como el delincuente mismo.

El medio influye en la persona. Sin duda, la batalla contra el medio puede traer la victoria, pero para eso tiene que haber guerra, que puede darse con diversas estrategias.

Entonces, es importante recordar que la persona que no tiene fe puede llegar a tenerla, en la medida que oiga la Palabra de Cristo. Una sana actitud de fe comienza prestando atención a lo que quiere decirnos Dios.

**CAPÍTULO 10**

# Como un grano de mostaza

*Jesús les dijo: Por vuestra poca fe; porque de*
*cierto os digo, que si tuviereis fe como un grano*
*de mostaza, diréis a este monte: Pásate de aquí*
*allá, y se pasará; y nada os será imposible.*

Mateo 17:20

Este pasaje se refiere al caso de un muchacho endemoniado que había captado la atención de varias personas; en especial, la de su padre, que buscaba desesperadamente una solución. Los discípulos también mostraron interés en el caso, pero su labor para liberarlo fue un fracaso. Al final, el muchacho llegó a Jesucristo.

La situación pareció inquietar a Jesús, e hizo algunas declaraciones generales en cuanto a la infidelidad de la gente, señalando la condición de perversidad. A esa altura, Jesús esperaba más de Sus discípulos.

Es posible que la transfiguración que acababa de ocurrir contrastara con este momento de incredulidad. Los hombres espirituales frente a los carnales; el esplendor de la gloria celestial contra la carnalidad humana; los cuerpos de gloria frente a los enfermos atados por demonios. A esto se sumaba una incredulidad rampante con la cual había tenido que batallar muchísimas veces. Jesús tal vez se sintiera defraudado con los que debían ya haber puesto su fe en acción.

Los discípulos no intentaron ocultar su fracaso; más bien, deseaban saber por qué no habían podido expulsar al demonio. Tal vez era la primera vez que fallaran en esta ministración, y estaban sorprendidos. «¿Por qué nosotros no pudimos echarlo fuera?», fue la pregunta. No lo entendían, porque en ocasiones anteriores, los demonios habían salido.

## La clave es la sumisión

Los discípulos se habían acostumbrado a que salieran los demonios y se sanaran los enfermos. El problema aquí radicaba en haber perdido de vista que la autoridad espiritual es fruto de la relación vital con Aquel que es amo y Señor sobre nosotros. La fórmula es: «Someteos, pues, a Dios; resistid al diablo, y huirá de vosotros» (Santiago 4:7). La autoridad nace de la sumisión.

Después de la explicación que da el Señor sobre la fe, alude al tema de la oración y el ayuno. Parece haber discrepancia respecto a si el «género» del que habla el versículo 21 es el de fe o el de los demonios. Sin embargo, sea lo uno o lo otro, la relación que se cultiva en el ambiente del ayuno y la oración genera el tipo de fe y la autoridad espiritual para enfrentarse tanto a enfermedades como a demonios. La falta de fe revela una ausencia de relación vital y de sometimiento a Aquel que es la autoridad.

## ¿Cuánta fe hace falta?

Es común que la gente diga: «Tengo poca fe». En las sesiones de consejería de nuestro ministerio, a menudo ese es precisamente el problema que se plantea. Si una persona llega a creer que necesita mucha fe para que ocurran milagros en su vida, queda neutralizada y no puede avanzar. La ilustración de Jesús habla más de la *calidad* de la fe que de la *cantidad*. El tamaño del grano de mostaza resta importancia a la cantidad. Pareciera que nos dice: «Con un poquito de fe es suficiente para que vean mi gloria, si la fe es de calidad».

Muchas veces, escuchamos a la gente hablar de su gran fe, en contraste con su vida fracasada. Una gran fe y una vida fracasada no son compatibles. Si alguien afirma que tiene gran fe en Dios, pero que no funciona, hay algo que no anda bien. O tiene fe o no tiene a Dios. Si pone la fe en un dios falso, no habrá resultado, porque un ídolo no puede responder. Tiene ojos y no ve, pies y no anda, boca pero no habla y, sobre todo, no tiene poder. Para ser eficaz, la fe debe depositarse en el Dios todopoderoso, Jesucristo. De otra manera, nuestros problemas pueden venir por llamarle «fe» a algo que, en realidad, no lo es.

Confundir la fe con una suerte de mentalismo es un grave error. Alguien aclaró que *fe* no es mente sobre materia, sino verdad sobre mentira. Es creer lo que

**La fe contaminada con motivos impropios o con falsos conceptos pierde su eficacia.**

dice Dios independientemente de lo que diga cualquier otro, incluso uno mismo. La fe contaminada con motivos impropios o con falsos conceptos pierde su eficacia.

## La calidad del grano

El mensaje del grano de mostaza no habla del tamaño sino de la calidad de la fe. El grano de mostaza, aparte de ser pequeño, está vivo. Tiene capacidad para crecer y multiplicarse. Si a Jesús solo le interesaba el tamaño, pudo haber usado el grano de arena en su ilustración. Sin embargo, usó una semilla y no la arena, porque la fe crece.

Si su fe es pequeña, no se frustre, porque el Señor les dijo a los discípulos que si su fe era al menos como un pequeño grano de mostaza, pero era fe genuina, sería suficiente. Entonces, ¿cuánta fe es suficiente? Tanta como usted necesite para mover la lengua como es debido.

*Jesús les dijo: Por vuestra poca fe; porque de cierto os digo, que si tuviereis fe como un grano de mostaza, diréis a este monte: Pásate de aquí allá, y se pasará; y nada os será imposible.*

Mateo 17:20

Este es un nuevo elemento en el proceso de fe. Hemos hablado de la fe como algo que se siente, que se cree en el corazón, como una convicción. Ahora hablo de la fe como una declaración, algo que se dice. La fe se habla.

«Fe» es una palabra de autoridad que se declara en conformidad con lo que ha dicho Dios. No es capricho humano, y nace de la Palabra, del *así dice el Señor*. Es estar de acuerdo con Dios y repetir lo que Él ha dicho. ¿Qué dice Dios sobre la enfermedad? Eso mismo declaro y confieso. ¿Qué afirma acerca del futuro? Digo eso mismo sin temor.

¿Qué dice Dios sobre mí? Lo creo y lo repito sin titubeos. La fe es declarar algo contra todo pronóstico. Con todo, el ser humano se siente demasiado inteligente como para hacer esto.

## La naturaleza responde a la palabra de fe

Jesús le habló a una higuera. Fue a buscar fruto en ella, y al no encontrarlo, pronunció palabras de juicio. Más de uno debe de haber pensado que el Señor estaba loco. Tal vez hayan dicho: «Pobrecito, pero yo sabía que estaba tomando eso de la religión muy a pecho. Mírenlo como está; ahora habla con las plantas como si pudieran escucharlo».

No sé si la planta tiene o no la capacidad de escuchar, pero sí sé que al otro día, cuando los discípulos volvieron a pasar por aquel lugar, la higuera se había secado. Reaccionó a la palabra de autoridad y de fe.

Cuando el mar embravecido amenazaba con hundir la embarcación donde estaban los discípulos, Jesús habló a los vientos y estos lo obedecieron de inmediato. La gente se asombraba de Él, porque hablaba con autoridad. Se maravillaban de que aun los vientos le obedecían, y este es el legado que nos ofrece este versículo: «Diréis a este monte: Pásate de aquí allá, y se pasará».

No basta con creer con el corazón. Hay que confesar con la boca. El que cree una cosa y dice otra pone dos elementos de fe a reñir entre sí y, al final, neutraliza el efecto de la fe, y experimenta otro fracaso en su vida. No podemos creer que Dios nos ha salvado pero vivir confesando que el diablo nos está arruinando la vida. No podemos orar para que Dios salve a nuestros hijos y vivir diciendo que no tienen remedio.

El mundo nos ha enseñado a expresar duda y destrucción en nuestras circunstancias, pero Dios quiere enseñarnos a hablar con fe y para edificación. La instrucción que hemos recibido del mundo durante años está tan arraigada que a veces no nos damos cuenta de las locuras que estamos diciendo contra Dios y contra Su Palabra.

Tanto es así que, a veces, después de evangelizar a una persona, le aseguramos que el diablo la va atacar y que intentará robarle la bendición. Y luego se escucha el comentario de gente de la iglesia: «¡Ojalá persevere la pobrecita!». Es como si creyéramos que el diablo es más fiel en su trabajo que el Espíritu Santo.

Hace un tiempo, predicaba en una campaña organizada por una iglesia local. Después de que oré por los perdidos y los enfermos, un hombre quitó de sus piernas los aparatos ortopédicos, sin los cuales le resultaba imposible caminar. Comenzó a dar saltos de alegría y toda su familia celebró el milagro físico recibido. El hombre se acercó a la plataforma para entregarme los aparatos, porque deseaba que los utilizara para dar testimonio en otros lugares. Le agradecí el gesto y acepté el significativo regalo.

Más tarde, me sorprendió que el pastor se acercara a mi auto para pedirme los aparatos. Al principio, pensé que los quería como testimonio para la iglesia, y me dispuse a entregárselos. Entonces, me explicó que, seguramente, después de algún tiempo, el diablo engañaría al hombre y perdería la sanidad. De esta manera, sentía que lo más responsable era conservar los aparatos para que el hombre no tuviera que volver a comprarlos.

Algunos creyentes parecerían tener más fe en el trabajo del diablo que en el de Dios. Le escuché decir a alguien: «Sé que lo que usted dice es verdad y que la Biblia lo dice así, pero mejor no me arriesgo a repetirlo, por si acaso no ocurre».

*La fe es «la certeza de lo que se espera, la convicción de lo que no se ve» (Hebreos 11:1).*

Dios no es hombre para que mienta. Todo lo que ha prometido lo cumplirá a su tiempo. La fe no es un riesgo, es justamente lo contrario. La fe es «la certeza de lo que se espera, la convicción de lo que no se ve» (Hebreos 11:1). «Confiar en Dios es estar totalmente seguro de que uno va a recibir lo que espera. Es estar convencido de que algo existe, aun cuando no se pueda ver» (TLA). «Ahora bien, tener fe es estar seguro de lo que se espera; es estar convencido de lo que no se ve» (RVC). «Ahora bien, la fe es la garantía de lo que se espera, la certeza de lo que no se ve» (NVI). «La fe es la confianza de que en verdad sucederá lo que esperamos; es lo que nos da la certeza de las cosas que no podemos ver» (NTV).

## CAPÍTULO 11

# La fe se muestra

*Hermanos míos, ¿de qué aprovechará si alguno dice*
*que tiene fe, y no tiene obras? ¿Podrá la fe salvarle?*
*Y si un hermano o una hermana están desnudos,*
*y tienen necesidad del mantenimiento de cada día,*
*y alguno de vosotros les dice: Id en paz, calentaos y*
*saciaos, pero no les dais las cosas que son necesarias*
*para el cuerpo, ¿de qué aprovecha? Así también la fe,*
*si no tiene obras, es muerta en sí misma. Pero alguno*
*dirá: Tú tienes fe, y yo tengo obras. Muéstrame tu fe*
*sin tus obras, y yo te mostraré mi fe por mis obras.*

Santiago 2:14-18

La carta de Santiago es fascinante. Nos sorprende a menudo con ángulos que pocas personas se atreverían a presentar. En 2:14-16, trata el tema de la fe. Santiago plantea:

*Hermanos míos, ¿de qué aprovechará si alguno dice*
*que tiene fe, y no tiene obras? ¿Podrá la fe salvarle?*
*(v. 14).*

La respuesta evidente es *no*. Probablemente, Santiago deseaba dar respuesta a quienes habían malinterpretado a Pablo, y enseñaban que una confesión de fe sencillamente intelectual era suficiente para salvar al hombre.

## El provecho de la fe

Para Santiago, el valor de la fe consistía en el provecho que pudiera traer. La fe genuina trae muchos beneficios, comenzando por el mayor de todos, que es la salvación del alma. Sin embargo, este es solo el primero. El provecho de la fe se manifiesta en todos los órdenes de la vida, desde el espiritual hasta el económico, el emocional y el físico.

En nuestro ministerio, el proceso de descubrir los beneficios de la fe ha sido gradual. Cuando celebré mi primera campaña en noviembre de 1973, el único beneficio en el que podía pensar era la salvación de una vida. Eso predicaba y eso ocurría. Desde la primera noche de campaña, se rindieron vidas a los pies de Cristo.

Me sentía satisfecho y no creía que la gente pudiera necesitar alguna otra cosa. Estaba dispuesto a predicar sobre salvación del alma toda mi vida, y me sentía plenamente realizado como evangelista. Sin embargo, Dios quiso ampliar el alcance del ministerio a otras dimensiones.

Mi relación con un par de evangelistas puertorriqueños, los hermanos Jiménez, me hizo descubrir que Dios deseaba dar al pueblo salvación y algo más. En 1980, viajé con ellos a varios países como evangelista asociado. Pude palpar de cerca una dimensión milagrosa que solo había contemplado de lejos.

Una noche, en Venezuela, Raimundo Jiménez me pidió que orara por los enfermos. Pensé que nada ocurriría, porque hasta ese momento, creía que los milagros eran exclusivos para personas especiales. Las palabras del hermano Jiménez me animaron: «¡Echa pa'lante, que quien hace los milagros es Dios! ¡Lo tuyo solo es orar!». Claro que yo había visto milagros en otras ocasiones, pero nunca había tenido a miles de personas ante mí esperando que ocurriera uno.

Hasta ese día, oraba por los enfermos y no esperaba que se sanaran. Si por acción soberana de Dios se sanaba alguno, yo era el más sorprendido. No obstante, estas personas eran diferentes. Creían que Dios haría milagros físicos en aquel mismo instante. Y era cierto... ocurrían.

## Las sanidades no son sorpresa

La actitud de Eugenio, el mayor de los dos hermanos Jiménez, no dejaba de sorprenderme. Se mostraba tan seguro de que todos sanarían que, cuando se enteraba de que alguna persona no había recibido la sanidad esperada, la llamaba para orar por ella. Y si aun así no sanaba, le daba un consejo de amor que la ayudaba a resolver algún problema en su relación con Dios. Días después, esa misma persona estaba en la fila de los testimonios contando cómo Dios había obrado en ella en el aspecto físico.

## Una confesión sincera

Debo confesar que leer sobre las muchas veces en que Jesús sanaba a todos los enfermos y participar del ministerio de los Jiménez no resolvió en mí la pregunta de por qué hay fieles creyentes que sufren enfermedades y no reciben milagros físicos. Aun así, ser testigo de tantas intervenciones milagrosas me ha hecho crecer en la confianza de que el Dios a quien sirvo tiene el poder para sanarme, y que la ausencia de sanidad no cambia Su amor para conmigo ni el mío para con Él.

No he dejado ni dejaré de orar por los enfermos. Me he sorprendido llorando en una cruzada, al ver gente sincera que abandona el estadio sin haber visto el milagro físico esperado. Pero recibo fuerzas al comprender que más importante que una sanidad física es la ministración espiritual y la bendición de un Señor que nos acompaña en tiempo de sanidad o de enfermedad.

## Dios atiende al hombre en forma integral

No solo descubrí que Dios quería sanar físicamente, sino que además estaba dispuesto a obrar milagros en otros aspectos de la vida. La economía fue otro aspecto donde Jesucristo abrió mis ojos. Sentía que Dios era demasiado santo como para ocuparse de algo tan trivial como el dinero.

Fue otro evangelista, Rafael Quiñones, quien me hizo reflexionar en cuanto al asunto económico. En una reunión, declaró: «Dime cuánto das y te diré quién eres». Salí muy molesto y me puse a buscar algún pasaje bíblico para demostrarle cuán poco interesado estaba Dios en las cuestiones económicas. Como resultado, encontré a Jesús en el templo junto al lugar de las ofrendas, viendo quién daba y cuánto daba. Tan interesado estaba que juzgó con sabio juicio quién dio más, y dijo que la viuda pobre había entregado la mejor ofrenda.

Observé al Señor través de las Escrituras, estableciendo el compromiso de diezmos y ofrendas, estimulando a dar para ayudar a una iglesia necesitada o para la construcción del templo. De esa manera, fui descubriendo que, para Dios, el dinero era «limpio» y útil para bendecir. La experiencia de descubrir nuevos beneficios de la fe no ha cesado.

## La ilustración de Santiago

Santiago establece con toda claridad que, sin obras, la fe no es provechosa. Ni siquiera el beneficio de la salvación es alcanzable por la fe, si esta no se muestra en obras correspondientes. De ninguna manera estamos diciendo que las obras salvan, pero no hay duda de que una fe saludable siempre se refleja en la conducta. El escritor de esta epístola lo ilustra de forma magistral:

> *Y si un hermano o una hermana están desnudos,*
> *y tienen necesidad del mantenimiento de cada día,*
> *y alguno de vosotros les dice: Id en paz, calentaos*
> *y saciaos, pero no les dais las cosas que son*
> *necesarias para el cuerpo, ¿de qué aprovecha?*

Santiago 2:15-16

En la ilustración, una persona habla en nombre de la congregación, pero el desinterés es colectivo. La expresión «id en paz» indica una decisión de no hacer esfuerzo alguno para ayudar. Una vez más, se manifiesta la inquietud de Santiago, esta vez con un tono algo irónico. ¿Dónde está el provecho de esa forma de fe? La fe que no aprovecha está muerta, no sirve para nada. Santiago no enseña que haya dos tipos de fe, una con obras y otra sin obras.

**Cuando la fe no se traduce en conducta, no es genuina, no es provechosa y está muerta.**

Nada de eso. Lo que nos está diciendo es que la fe es una sola, y tiene obras correspondientes. Cuando la fe no se traduce en conducta, no es genuina, no es provechosa y está muerta.

## La fe exige acción

Muchos milagros se detienen precisamente en este punto, porque los que esperan el milagro no actúan con fe. La fe exige acción. Ya la vimos actuando en el corazón y en la palabra de autoridad. Ahora la estamos viendo en la acción o en la conducta de fe. En el ministerio milagroso de Jesús, la proclamación de un milagro iba acompañada de una orden clara que exigía una acción inmediata del enfermo. Por ejemplo: «Toma tu lecho, y vete a tu casa», o «Levántate y anda» (ver Lucas 5:23,24). En otra ocasión, dijo: «Ve a lavarte en el estanque» (Juan 9:7).

La importancia de la obediencia en la conducta de fe no solo aparece en el ministerio de Jesús. Ya desde tiempos del Antiguo Testamento, se veía esta exigencia de acción. Naamán tuvo que lavarse siete veces en el río Jordán antes de obtener su milagro. La viuda le preparó comida al profeta y Abraham estuvo dispuesto a sacrificar a su único hijo, obedeciendo una orden divina que iba en contra del deseo de su corazón.

En estos casos, la limitada capacidad intelectual del ser humano también hace que crea absurdo actuar en contra de lo que le dictan sus sentidos. ¿Cómo es posible que un hombre que, desde hace cuarenta años, está postrado sin mover sus piernas, responda al imperativo de «levántate, toma tu lecho, y vete a tu casa»? Uno tiene que tomar la decisión de a quién creer: ¿A Dios o a los sentidos? ¿A Dios o a las circunstancias? ¿A Dios o a la ciencia?

La acción de fe nace de entender lo que el Señor está diciendo, no de la alucinación humana. No hablo de creer lo que dice cualquiera, sino de creerle a Dios. Abraham entendió quién le hablaba, y salió de Ur de los caldeos. Pablo escuchó la voz de Dios y no fue rebelde a la visión celestial. Jesús confirmó la voz del Padre y participó de aquella «copa» a la que se oponían Sus sentidos. Fe es caminar orientado por el *así dice el Señor*, y no por la costumbre.

> **Fe es caminar orientado por el así dice el Señor, y no por la costumbre.**

## La anciana que no se atrevía a actuar

En 1984, prediqué en la convención juvenil de la Iglesia Cuadrangular en Panamá. Cada noche, mientras oraba por la salvación de los presentes y por los enfermos, contemplaba a una anciana que se acercaba al altar con muletas. En ciertos momentos, tocada por la bendición del Espíritu Santo, saltaba de alegría, pero cuando llegaba la hora de dar testimonio, la anciana volvía a su banco arrastrando la pierna paralizada. Daba la impresión de que, una vez acabada la oración, la abuelita regresaba la computadora de su cerebro a la función de «parálisis» y continuaba en modo automático. Sentí que debía hacerle tomar conciencia de lo que Dios estaba haciendo en ella. Estaba convencido de que Dios la había tocado físicamente, pero ella no se atrevía a moverse en fe.

Una noche, mientras ella alababa a Dios con libertad, me acerqué con la autoridad del Espíritu Santo y le dije: «Abuela, ¿cree usted que Dios la ha tocado?». Ella respondió: «Sí». Entonces le di una orden: «Suelte esas muletas en el nombre de Jesucristo y camine con firmeza». La anciana titubeaba. Yo sabía que de aquella acción dependía que fuera esclava de las muletas el resto de su vida o que fuera libre. La ayudé dándole aliento y estimulándola en fe. «Avance, abuela. Suelte las muletas. Camine, abuela, camine». ¡Qué glorioso! La abuelita comenzó a caminar, tiró las muletas, y luego corría y danzaba.

Siempre que cuento esta experiencia, pregunto: ¿Por qué no caminó con libertad desde el primer día? Tenía todo lo necesario para ver un milagro en su cuerpo. Creía, lo confesaba y recibía cada noche un toque del Señor, pero le faltaba tomar la decisión de actuar con fe. Como dice Santiago, le faltaba *mostrar* su fe.

## La fe se muestra

El comentario final del versículo 18 debe convertirse en la consigna de todo cristiano: «Yo te mostraré mi fe por mis obras». La fe se muestra a través de acciones consecuentes.

En las Escrituras, aparece una observación de Jesús que tira por tierra lo que estoy diciendo ahora. Dice así: «Y al ver Jesús la fe de ellos» (Mateo 9:2). Cualquiera podría decir que la fe no es un elemento tangible. Con todo, algo veía Jesús para llamarlo «fe». Otra persona quizá diga: «Es que, como Jesucristo es Dios, podía ver los corazones». Es cierto. Jesús podía ver los corazones, pero también veía las acciones de las personas.

La conducta de fe se ve, y transforma un concepto abstracto en una realidad palpable. Las acciones consecuentes logran que la persona obtenga el mayor beneficio de su fe.

## CUARTA PARTE

# Pedir con fe

## CAPÍTULO 12

# Jesús, el mejor amigo de nuestros deseos

*Codiciáis, y no tenéis; matáis y ardéis de envidia, y no podéis alcanzar; combatís y lucháis, pero no tenéis lo que deseáis, porque no pedís. Pedís, y no recibís, porque pedís mal, para gastar en vuestros deleites.*

Santiago 4:2,3

A menudo, leo este pasaje al iniciar una enseñanza sobre el tema de la fe, y poca gente dice «amén». Sin duda, nadie desea identificarse con términos tan fuertes como «codiciáis», «matáis» o «ardéis de envidia». El temor es justificable, pero, tal vez, si expresáramos lo mismo en otros términos, más personas se sentirían identificadas. Creo que la idea es que hay momentos en que, a pesar de esforzarnos por alcanzar ciertas cosas o luchar con todas las fuerzas, ese algo no llega en el momento o la forma esperados.

¿Cuál es el mensaje de Santiago? Algunas personas, cuando no alcanzan sus anhelos, resuelven el problema declarando que lo que deseaba no estaba en la voluntad de Dios. Esa posición es peligrosa, porque hace que algunos vean a Dios como enemigo de sus peticiones y deseos.

Santiago no dijo que ese deseo no fuera la voluntad de Dios. Más bien, expresó que la manera en que lo habíamos tratado de obtener no era la adecuada.

En el versículo, hay tres frases negativas: «no tenéis», «no podéis alcanzar» y «no tenéis lo que deseáis». Ninguna muestra que Dios no quiera que obtengamos lo deseado. Esa forma trágica de interpretar a Santiago es reflejo de la manera igualmente trágica en que la gente entiende sus experiencias y circunstancias.

Considere lo que ocurre en la mente de un jovencito de bajos ingresos que desea estudiar en una prestigiosa universidad, pero le niegan su solicitud de beca. Se pregunta mil veces: «¿Por qué, Dios mío, por qué?». De repente, una de esas personas que creen tener la autoridad de determinar qué opina Dios en cada situación, se acerca para decirle al joven que, tal vez, el Señor no quiera que estudie medicina.

O veamos el caso de la mujer que desea tener al fin una casa propia. Hace toda clase de gestión en los bancos para conseguir un crédito que le permita comprar la casa de sus sueños, pero el banco se niega. No falta quien le diga: «Dios no quiere que compres esa casa».

Esa conclusión, además de simplista, es sumamente peligrosa. El joven estudiante y la mujer podrían terminar con una imagen distorsionada del Señor en su corazón. Quienes pasan por estas experiencias pueden llegar a creer que Dios es enemigo de todo lo bueno. Quizá razonen: «Cada vez que deseo algo bueno, Dios me impide alcanzarlo». Tal vez lleguen a la conclusión de que a Dios solo le agradan las cosas mediocres, desagradables y viejas.

## El plan de Dios era mejor que el mío

Permítame contarle una historia de la intimidad de mi hogar. Después de unos 20 años de ministerio, mi familia y yo vivíamos en un modesto apartamento en la planta alta del edificio de nuestro ministerio. No era un lugar muy cómodo ni tampoco apropiado para los niños. Estrellita comenzó a orar para que el Señor nos diera una casa. Después de mucha búsqueda, nos pareció que una llenaba todos los requisitos. Solo faltaba un detalle: ¿De dónde saldría el dinero? Ningún banco estaba dispuesto a prestarle dinero a un misionero que no estaba seguro de la cantidad de sus ingresos.

Agotamos las opciones, sin permitir que familiares ni amigos se enteraran de nuestro gran dilema. El penúltimo día de la fecha límite para ejecutar la venta, una hermana en Cristo llegó a casa para contarnos que había soñado con Estrellita. Soñó que los bancos habían denegado el préstamo, pero que Estrellita estaba sonriente en el balcón de la casa, y así ocurrió. Denegaron el préstamo. Sin embargo, ese mismo día, Dios envió a casa una persona para que pusiera el dinero a fin de que obtuviéramos la vivienda. El Señor no solo nos dio la casa, sino que nos consiguió mejor forma de pago, mejor precio y la opción de saldarla en menos tiempo.

¿Qué aprendimos de esa experiencia? Que los «no» de Dios no siempre significan que no apruebe nuestro proyecto. Tal vez, lo que Él no aprueba sea la forma en

**Ese «no» puede significar que Dios tenga algo mejor para usted.**

que intentamos lograrlo. Ese «no» puede significar que Dios tenga algo mejor para usted.

## Soñar en grande

No permita que los reveses le impidan seguir luchando por lo que desea. Dios quiere que usted siga soñando con cosas maravillosas. Satanás es enemigo de nuestros sueños, pero Dios nos anima a desear y a soñar con una mayor bendición cada día. Pablo escribe:

> *Porque Dios es el que en vosotros produce así el*
> *querer como el hacer, por su buena voluntad.*
>
> Filipenses 2:13

Los buenos deseos vienen de Dios, y quien deja de soñar comienza a morir. Algunas personas a las que entierran a los 70 años, ya habían muerto a los 40, porque el que deja de desear está muerto. Sueñe, anhele, desee y no baje los brazos.

Oí decir a un compositor argentino que su deseo era que, cuando le llegara la hora de morir, lo encontrara vivo por completo. No todo lo que se mueve, habla y camina está vivo. Se presentan muchas justificaciones para dejar de desear, pero ninguna es válida. No importa quién lo haya traicionado, maltratado, defraudado, violado, humillado o abandonado. Nada ni nadie es tan importante como para que usted deje de soñar. No olvide que, cuando deja de desear, impide que la voluntad de Dios se manifieste en su vida.

## Un anciano soñador

En 1978, me invitaron a participar de la ceremonia de graduación de un seminario teológico en la ciudad de Boston, Estados Unidos. Mientras esperaba el momento de mi participación, observé que dedicaban la graduación a uno de los alumnos. Luego, supe que la razón era que este había sido el estudiante de mayor edad en graduarse de esta institución, con 73 años.

Fue emocionante ver a ese hombre mayor recibir los honores y escuchar su discurso de aceptación. Dijo: «Hoy mis hijos están contentos porque me gradúo del seminario, pero cuando me matriculé, dijeron que era un viejo loco». Hablaba con tal gracia que todos reíamos escuchando su relato. Luego, añadió: «Bueno, les tengo una sorpresa. Estos papeles que tengo en mi mano son la aceptación para continuar estudios universitarios avanzados».

Aquel lugar se hizo pequeño para contener tanta gloria. El anciano era ejemplo para jóvenes y viejos, para hombres y mujeres, para usted y para mí. Mientras el hombre siga deseando cosas nuevas y buenas, seguirá viviendo. El límite lo establece nuestra capacidad para soñar.

## Jesucristo, el atajo hacia los sueños

La ciencia nos enseña que el camino más corto entre dos puntos es la línea recta. Pues bien, el camino más corto entre usted y sus deseos es Jesucristo. No importa qué quiera lograr en la vida. Tome la ruta que se llama Jesucristo y llegará más rápido.

Una vez, alguien me preguntó: «¿Y si Cristo no me

lleva a mi objetivo?». Respondí: «Si hay un lugar donde Cristo no lleva, es porque no vale la pena llegar allí».

Estando en Caracas, Venezuela, me ocurrió algo digno de una telenovela romántica. En esa ocasión, dictaba unas conferencias en el hotel Anauco Hilton. Una muchacha invitó a su mejor amiga a la actividad, con la promesa de que el mensaje de esa noche consolaría su corazón lastimado por un reciente divorcio. Mientras las dos jóvenes se unían a la congregación en alabanza, el ex esposo de la invitada, que conducía un taxi, llevaba a un turista hasta el hotel.

Cuando el taxista estacionó frente al Anauco Hilton para dejar al pasajero, leyó un volante que le entregaron, donde se lo invitaba a las conferencias que yo estaba dando. El hombre entró sin imaginarse que la esposa a la que acababa de abandonar se encontraba en aquel lugar. El corazón de ambos estaba lleno de amargura y rencor. Aun así, durante el mensaje, Dios los sanó internamente, y ambos decidieron confesar a Jesucristo como Rey de su vida. Cuando terminé mi charla, dije: «Este altar se convierte hoy en el punto de encuentro entre usted y Dios. Y no olvide que Jesucristo es el camino más corto entre usted y su petición».

Los dos caminaron hacia el altar, por su cuenta, pidiéndole a Dios que restaurara su hogar. La emoción del encuentro estuvo acompañada de abrazos, llanto y testimonio de lo increíble de la experiencia. Para ellos, representó la restauración de

**El camino más corto entre usted y sus deseos es Jesucristo.**

un hogar destruido. Para mí, fue un ejemplo vivo de esta gran verdad: El camino más corto entre usted y sus deseos es Jesucristo.

## La importancia de las motivaciones

Otra razón para que no alcancemos nuestros anhelos es tener motivaciones desviadas. «Pedís mal», declara Santiago 4:3. ¿En qué consiste ese mal? En el motivo que nos impulsa a desear.

A Dios le interesa tanto lo que pedimos como la razón por la que pedimos. Si la motivación no es adecuada, Dios no concede nuestras peticiones para no hacernos daño. Gastar en deleites no es una buena motivación. He dejado claro en este libro que nuestro Dios está orientado hacia el provecho o servicio que podamos prestar. Gastar en deleites carnales no trae provecho ni beneficio a nadie.

La motivación detrás de nuestros deseos debe estar alineada con el corazón de Dios. El Señor desea conceder nuestras peticiones si están motivadas por propósitos nobles y santos.

Un cáncer no es problema para Dios; Él lo puede sanar ahora mismo. Las relaciones quebrantadas tampoco le representan dificultad, porque puede hablar al corazón, restaurar y sanar las heridas del alma. Una crisis económica no es obstáculo para el Señor, ya que puede hacer un milagro económico mientras usted lee este libro. Con todo, las preguntas que debe contestar antes de ver el milagro son: ¿Para qué quiere ese milagro? ¿Qué hará con él?

Procure glorificar a Dios en sus propósitos y Él no tendrá objeción en bendecirlo, concediéndole las peticiones de su corazón. No olvide que Jesucristo es el mejor amigo de sus deseos y que desea que usted le pida. No obstante, es necesario definir dos cuestiones. La primera es: ¿Qué desea?, y la segunda: ¿Por qué lo desea?

## Capítulo 13

# ¿Qué le pedimos a Dios?

*Me dijo el rey: ¿Qué cosa pides? Entonces oré al Dios*
*de los cielos, y dije al rey: Si le place al rey, y tu siervo*
*ha hallado gracia delante de ti, envíame a Judá, a la*
*ciudad de los sepulcros de mis padres, y la reedificaré.*
*Entonces el rey me dijo (y la reina estaba sentada junto*
*a él): ¿Cuánto durará tu viaje, y cuándo volverás?*
*Y agradó al rey enviarme, después que yo le señalé*
*tiempo. Además dije al rey: Si le place al rey, que se*
*me den cartas para los gobernadores al otro lado del*
*río, para que me franqueen el paso hasta que llegue*
*a Judá; y carta para Asaf guarda del bosque del rey,*
*para que me dé madera para enmaderar las puertas*
*del palacio de la casa, y para el muro de la ciudad,*
*y la casa en que yo estaré. Y me lo concedió el rey,*
*según la benéfica mano de mi Dios sobre mí.*

Nehemías 2:4-8

Nehemías es un personaje interesante y será una figura clave en este capítulo. En tiempo récord, este hombre logró lo que, durante años, había sido solo un sueño. (Los libros de Esdras y Nehemías continúan el relato histórico que comenzó en Crónicas.)

Durante unos 20 años, Esdras había deseado la reconstrucción de la ciudad, aunque su énfasis era evidentemente espiritual. Por otra parte, Nehemías realizó su peligroso trabajo en 52 días. ¿Cuál es el secreto de hombres como este, que logran en poco tiempo lo que a otros les toma toda una vida? Quiero enfocar la atención en la respuesta a esa pregunta.

Nehemías era copero del rey, y tenía una gran responsabilidad, pues debía probar la bebida del monarca para evitar que lo pudiera dañar o matar. El rey le confiaba su vida, así que, ver a su copero triste era cosa seria y poco tolerable. Por lo regular, un copero no hubiera permitido que el rey percibiera su tristeza, porque esto podía costarle la vida.

La conducta de Nehemías nos revela que, en su corazón, estaba sucediendo algo poco común. Cualquiera fuese la causa de su tristeza, era tan importante para él que estaba dispuesto a arriesgar su propia vida.

Para que una visión mueva en verdad a Dios, también tiene que mover al hombre. Solo una visión con la que usted esté seriamente comprometido lo moverá con suficiente fuerza como para arrastrar aun las montañas de la duda y la oposición.

## Motivos que trascienden

Para vivir con la intensidad necesaria, hay que estar motivado por una causa que trascienda la vida misma y sea superior al hombre. Hablo de ese compromiso que saca de la cama a una cansada ama de casa cuando escucha que su hijo tiene un problema. O a lo que impulsa a un hombre a ofrecer su único riñón para salvar la vida de un ser querido. Eso es amor.

La situación en que se encontraba la ciudad había taladrado el corazón de Nehemías. Muchos otros habían palpado el mismo desastre sin que eso les quitara el sueño. Sin embargo, a él se le metió debajo de la piel; le robó el sueño. A partir de ese momento, Nehemías no podía ser feliz si no cumplía su misión en la vida. Los triunfadores son los que tienen sentido de misión, de propósito, de cruzada.

Esta experiencia solo la vive aquel que logra definir lo que quiere. Orar, pedir o tener fe no tiene sentido si no logro definir qué

> *Primero, hay que definir lo que queremos y luego seguir queriéndolo.*

quiero. La pregunta del rey a Nehemías fue precisamente esta: «¿Qué cosa pides». Primero, hay que definir lo que queremos y luego seguir queriéndolo. Permítame explicar esto.

## El problema de la inconstancia

Vivo en el sur de la Florida, Estados Unidos, y estoy rodeado de personas que, por diversas razones, salieron de sus países respectivos y vinieron a vivir acá. Esto supone ciertas peculiaridades que caracterizan la vida aquí. Por ejemplo, una de esas características es la mudanza constante. Esto obedece a que son personas que, al dejar su tierra natal, sufrieron un desprendimiento al que de manera inconsciente no quieren volver. El primer movimiento fue duro, pero los otros son más sencillos.

De ese modo, es común escuchar a un inmigrante pedirle a Dios que le permita volver a su tierra. Unos días más tarde, la misma persona ora a Dios pidiéndole que lo ayude a conseguir un mejor trabajo aquí y que le permita comprar una casa. Solo ha pasado un mes, y la misma persona está buscando dirección del Señor porque le han hecho una oferta de trabajo en otro estado u otra ciudad y tal vez se mude a dicho lugar.

Mi pregunta es: ¿Cuál de todas esas peticiones debe contestar Dios? Hay que definir qué es lo que se quiere.

Observe esta otra situación. Un joven estudia en la escuela de enseñanza media, y quiere ser médico. Solicita ingreso a una universidad cuyo énfasis nada tiene que ver con la medicina, así que entra en un programa de ingeniería, pero el primer año descubre que eso no le gusta. Entonces, se cambia a un curso de enfermería. Las ciencias le resultan aburridas, y antes de comenzar el segundo año, ya se matricula en el departamento de ciencias sociales. Por último, deja la universidad para ingresar en el ejército.

Todas las opciones eran buenas, incluso la carrera militar. Con todo, el problema es la indecisión, producto de esa inestabilidad que no nos permite definir qué queremos en realidad. Este es uno de los mayores problemas de nuestra sociedad: no saber qué se quiere. Es tiempo de cerrar este libro unos instantes y orar...

¿Ya oró? Ahora tome un papel y un lápiz para contestar por escrito la pregunta: «¿Qué desea?».

## Una fe específica

Para que la fe sea eficaz, debe encauzarse hacia algo en particular y específico. En las campañas, me acerco al altar para orar con la congregación y unirme a su clamor. Escucho las oraciones y pregunto: «Dios, ¿qué te están pidiendo?». Unos dicen: «Señor, mira a mi esposo». Otros dicen: «Mira al pastor». No sé cómo Dios contestaría esa oración. Supongo que se asombrará y pasará revista para luego decirle: «Ya lo vi, ¿estás satisfecho?».

La inestabilidad y la imprecisión de nuestras peticiones hacen difícil la respuesta divina. Dios lo sabe todo y podría simplemente hacer Su voluntad, pero la espera nos lleva a definir y a afirmarnos en nuestros motivos de oración.

Hay otras razones por las cuales la gente no pide. Algunos piensan que las increíbles respuestas y milagros divinos, o incluso la acción de Dios, son para personas especiales. Llegan a creer que no son merecedores de milagros ni de bendiciones divinas. En realidad, nadie merece un milagro ni la gracia de Dios. Los milagros son un regalo divino. Cristo pagó el costo y usted es el beneficiario de la gestión del Calvario.

Otros creen que su caso es muy difícil para Dios. Así les pasó a las hermanas de Lázaro. Sabían que Jesús era capaz de sanar a su hermano, pero para eso era necesario que llegara mientras aún seguía con vida. Sin embargo, no fue así. Jesús llegó cuando, para la fe de Marta y María, ya era demasiado tarde. El razonamiento era lógico. Si hubiera llegado a tiempo, Lázaro no habría muerto. El problema era que esa realidad ocultaba ante sus ojos otra más poderosa: «Yo soy la resurrección y la vida» (Juan 11:25). Ellas no habían considerado esa opción.

## La fe como factor determinante

Solo nuestra fe limita nuestro alcance. Conocí a Ramón mientras juntos participábamos como oradores en un congreso para pastores. Me sentí impresionado por la claridad de sus planteamientos y la profundidad de su argumento doctrinal. En una de sus ponencias, lo escuché decir: «Yo soy el más educado de los miembros de mi familia». Cuando tuvimos un receso para almorzar, le pregunté sobre su declaración. Me interesaba su historia, porque Ramón dominaba plenamente su tema, y su porte elegante me hacía sentir que escuchaba al hijo de algún príncipe europeo.

Ramón me explicó: «Mi mamá solo cursó hasta el quinto grado de la escuela primaria, y mi papá menos todavía. Nos criamos en la pobreza económica, pero una pobreza digna que incluía fuertes convicciones y una fe inquebrantable. Mamá siempre nos decía: "En la vida, ustedes podrán alcanzar lo que deseen. Podrán llegar donde se lo propongan"».

Ramón y su familia eran cristianos comprometidos, y nunca permitieron que el ambiente determinara hasta dónde llegarían. La primera vez que Ramón manifestó que estudiaría en la universidad, no faltó quien se burlara, sugiriéndole que despertara de su sueño. Este hombre fue decidido, y su fe determinó su futuro. Hoy, es un ministro presbiteriano que deja con la boca abierta a quien lo escucha y transmite el mensaje de Dios inspirando fe. No permita que sus recursos le pongan límites a Dios. Él es todopoderoso.

En otra ocasión, llegué a predicar a la iglesia de un amigo, donde ya había hablado antes. Al acercarme a la esposa del pastor, noté que usaba un andador para moverse. Al preguntarle qué le había ocurrido, me contestó que su condición de artritis era crónica y que el médico le había dicho que finalmente necesitaría un sillón de ruedas para moverse. Entonces, respondí con una declaración de fe: «Hermana, nuestro Dios tiene poder sobre la artritis». Ella replicó con una sentencia fatal: «Ya me han examinado los mejores médicos y dicen que no hay posibilidades. No tengo necesidad de alimentar falsas esperanzas».

Para esa mujer, la palabra del médico era verdad y la Palabra de Dios era falsa esperanza. Esa noche, Dios tenía una sorpresa para mí. Debo confesar que me arrodillé en el altar, conmovido por la seca respuesta de la incredulidad. Le pregunté a Dios: «¿Qué harás en un caso como este?». No obtuve respuesta.

Prediqué con todo el corazón, casi intentando convencerla de cuán poderoso es nuestro Dios. No obstante, convencí a todos menos a ella. Invité a los enfermos al altar y, para mi sorpresa, ella no respondió. Oramos con fe y pedí testimonios de lo que Dios había hecho. El testimonio de un hombre estremeció a la iglesia. Contó lo siguiente: «Hoy el médico me aseguró que la deformación que sufría en mis coyunturas se debía a la artritis. Me dijo: "Tu enfermedad es avanzada y vas a necesitar una silla de ruedas para movilizarte". Pero le contesté: "Mi Dios es poderoso, y él es quien tiene la última palabra; no la ciencia"». El hombre añadió: «Vine a la campaña seguro de que Dios me iba a sanar. Y, mientras orábamos, mis dedos se enderezaron y mis rodillas se desinflamaron. Las puedo mover con toda libertad». Dios lo había sanado físicamente.

¿Cuál fue la diferencia entre este hombre y la esposa del pastor? Presenciaron un mismo culto, recibieron una misma oración, escucharon un mismo mensaje. La diferencia estuvo en la actitud del corazón. Solo uno estuvo dispuesto a creerle a Dios. No permita que su mente le diga hasta dónde puede llegar Dios. Para Él no hay nada imposible.

> *No permita que su mente le diga hasta dónde puede llegar Dios. Para Él no hay nada imposible.*

## Fe con límites

Predicando en Añasco, un pueblo de mi tierra, tuve otro encuentro con esta forma de incredulidad. Una madre pedía oración por su hijo. Al preguntarle la razón de su petición, dijo que pedía paz y consuelo para su hijo, quien atravesaba una crisis muy grande ese día. Me explicó que el hijo recién nacido de este muchacho, es decir, el nieto de la señora, estaba a punto de morir debido a una rara enfermedad que le provocaba hemorragias.

Para mí, no tenía sentido la petición, y se lo dije: «Señora, prefiero que oremos por su nieto, y así el Señor no tiene que consolar a su hijo». La mujer me aseguró que para el nieto no había esperanza. El médico había dicho que era cuestión de horas, y ya no le harían más transfusiones de sangre. Insistí en que quería orar por su nieto, y le pedí a la congregación que se uniera conmigo en la oración. Invité a la abuela a ponerse de pie delante de mí para poner las manos sobre ella y juntos implorar por la sanidad del niño. Entonces ocurrió algo que me hizo entender el poder de la duda. Cuando toqué la frente de aquella mujer, de un salto cayó a varios metros de distancia. Fue un choque de fuerzas.

Considerar la fe en la ciencia por sobre la fe en Dios nos convierte en enemigos de la gracia divina. Creo en los médicos y respeto la ciencia. Con todo, cuando se opone a la verdad de Dios, me pongo en el bando divino: «Sea Dios veraz, y todo hombre mentiroso» (Romanos 3:4).

## Sus peticiones no son una carga para Dios

A veces, la persona piensa que ya le ha pedido mucho al Señor. La petición de Nehemías fue extensa y detallada. Nunca pensó que solo ciertas cosas eran dignas de incluirse. Un detalle importante es que su lista de peticiones contenía este comentario: «Y la casa en que yo estaré» (2:8). Para Nehemías, no había el menor inconveniente en incluir cosas personales en la petición. No sienta que el Señor solo se ocupa de la cuestión religiosa. Él está interesado en suplir todas sus necesidades; de manera que defina lo que quiere.

## Tenga un plan

El proceso de la respuesta divina a Nehemías incluye dos aspectos más. En primer lugar, su petición contenía un plan. Nehemías fue capaz de decirle al rey no solo qué quería, sino cuándo y cómo la quería. Un viejo pastor me dijo una vez: «La fe que mueve montañas debe llevar pico y pala».

La fe de Nehemías incluía pico, pala, martillo, planos, permisos y todo lo necesario para realizar la obra. No se sentó a esperar que Dios lo hiciera: planeó, creyó y actuó.

Los planes que, como en el caso de Nehemías, son producto de la oración, no obstaculizan a Dios; todo lo contrario, lo honran.

Un plan es una expresión de fe. Establece que usted no solo sabe lo que quiere de Dios, sino además cómo y cuándo. El plan contiene lo que usted espera de Dios y lo que Él espera de usted. No tema planificar. Hágalo en oración y crea que el Señor lo dirigirá.

## Su fe mueve la mano de Dios

Por último, llamo su atención hacia el comentario final de Nehemías: «Y me lo concedió el rey, según la benéfica mano de mi Dios sobre mí» (Nehemías 2:8). No es que Nehemías confiara en el rey ni tampoco que le diera gloria. Este hombre de Dios sabía muy bien de dónde venía su provisión.

El rey no era el dios que le concedió lo que deseaba. Para Nehemías, no era importante a cuál divinidad servía Artajerjes. Nunca se escudaría argumentando que el rey era muy duro, ni en que era un impío. Nada de eso. Para Nehemías, las circunstancias y todo el ambiente estaban en control de su Dios. No le reconoció ningún mérito al dios del rey. Tampoco le preocupaba si este rey tenía fe o no. Lo que para él estaba claro era que su Dios se encargaría de todo.

La ilustración es clara para nosotros hoy. No importa de quién o de qué dependan los permisos o respuestas que usted esté esperando. No tiene importancia qué oficina de gobierno o agencia en particular tenga que considerar su caso, ni con quién tenga que reunirse. Dios tiene control sobre todo.

Una vez, oí que alguien decía que Satanás es una marioneta de Dios. El poder de Aquel en quien confiamos hace, hoy como ayer, que todo obre para bien.

## Capítulo 14

# El caso de David y Goliat

*Jehová te entregará hoy en mi mano, y yo*
*te venceré, y te cortaré la cabeza, y daré*
*hoy los cuerpos de los filisteos a las aves*
*del cielo y a las bestias de la tierra; y toda*
*la tierra sabrá que hay Dios en Israel.*

1 Samuel 17:46

La historia de David y Goliat no es un himno a la suerte ni a la habilidad de un audaz guerrero. Es un homenaje a la fe de un joven que pudo ver, oír y analizar la situación desde una perspectiva distinta. Y esa forma de interpretar la realidad le proporcionó una perspectiva divina.

Debo comenzar por repasar un poco esta historia, haciendo hincapié en ciertos detalles que a menudo pasan inadvertidos. Esta historia se desarrolla en un momento en que los israelitas y los filisteos se hallaban en guerra. La batalla estaba a punto de comenzar, cuando se adelantó un enorme paladín de los filisteos, Goliat.

Este guerrero medía poco más de nueve pies, que son casi tres metros. Y como si esto fuera poco, era diestro con sus armas, porque desde su juventud, era hombre de guerra. Es fácil entender por qué los israelitas estaban impresionados. Un razonamiento sencillo nos dice que pelear con un hombre de esas proporciones sería un grave error para cualquier soldado, y mucho más para un muchacho como David. Las posibilidades de éxito en una empresa como esta se reducen al mínimo.

## Oír con el oído de Dios

La estrategia de los filisteos era atemorizar a los israelitas con las palabras de Goliat. Todo les salió a pedir de boca, hasta que apareció David en escena. Entonces, «el filisteo de Gat, salió de entre las filas de los filisteos y habló las mismas palabras, y las oyó David» (1 Samuel 17:23).

El escritor quiere mostrarnos que, aunque el filisteo dijo lo mismo que antes, algo diferente ocurrió esta vez. David oyó lo que los demás no habían escuchado. Goliat exclamó: «¿No soy yo el filisteo, y vosotros los siervos de Saúl?» (17:8). Y luego: «Hoy yo he desafiado al campamento de Israel; dadme un hombre que pelee conmigo» (17:10).

El escritor nos dice que fueron las palabras del filisteo las que habían turbado tanto a Saúl como al resto del pueblo: «Oyendo Saúl y todo Israel estas palabras del filisteo, se turbaron y tuvieron gran miedo» (17:11). Estos hombres no solo escucharon a Goliat, sino que le creyeron.

## La batalla en la perspectiva correcta

Goliat limitó la lucha entre israelitas y filisteos a una batalla entre uno de los israelitas y él. No tomó en cuenta ni al Dios de Israel ni a los dioses filisteos.

Cuando David lo escuchó, pasó algo distinto: «¿Quién es este filisteo incircunciso, para que provoque a los escuadrones del Dios viviente?» (17:26). En primer lugar, lo llama «filisteo incircunciso»; es decir, no era uno de los escogidos por Dios y no había en él señal de pacto. David lo ve como un hombre sin Dios y sin apoyo. En segundo lugar, al referirse a Israel, no lo considera un pueblo en crisis ni en peligro; lo llama «escuadrones del Dios viviente». Para David, el único que corría peligro era Goliat porque provocaba al pueblo del Dios vivo.

En la batalla de fe, es importante tener una visión adecuada. Los hijos de Dios no están en peligro, porque en el Señor, somos más que vencedores. Mi amigo Eugenio Jiménez acostumbra a decir: «Si somos más que vencedores, es porque somos campeones». Las tinieblas no tienen posibilidad de victoria contra los hijos de Dios, porque en Él, estamos seguros.

Los ojos del pueblo solo veían al hombre, pero David veía a Dios. Los soldados pensaban en sus limitaciones para enfrentarse a un guerrero como aquel, mientras que David solo consideraba los recursos divinos. Este muchachito entendió que no era una guerra entre él y Goliat, sino entre Dagón o cualquiera de los dioses de los filisteos y Jehová de los ejércitos, Dios de Israel.

El deseo de protagonismo hace que los siervos del Señor a veces perdamos la visión. El Espíritu Santo ha salido en mi auxilio en momentos en que perdí la orientación. Cuando en las campañas comienzan a llegar los que no conocen a Dios, los quebrantados y los enfermos, y mi corazón se angustia al comprender que no tengo la capacidad de salvarlos y sanarlos, el Señor me habla aclarándome que solo Él puede salvar almas y sanar a los enfermos.

### Testigos y no protagonistas

Cuando en una campaña de nuestro ministerio perdemos de vista nuestra función, entramos en crisis. Dios nos ha llamado a ser testigos y no protagonistas. La diferencia es importante. El protagonista es el que ejecuta la acción. Sin embargo, nosotros somos testigos. El Espíritu Santo a menudo habla a mi corazón ante el altar: «Tú eres mi testigo; solo tienes que observar lo que estoy haciendo». No tengo que salvar, sanar, ni impresionar a nadie. Eso es responsabilidad de Dios y solo de Él.

*Dios nos ha llamado a ser testigos y no protagonistas.*

El ejemplo de Jesús como ministro nos debe ayudar a ver esta realidad. En muchas ocasiones, Jesús aclaró que Él solo hacía lo que veía hacer al Padre, y hablaba lo que oía del Padre. La crisis que se experimenta a veces en el púlpito no es fruto de la ausencia de una homilética propia, sino que proviene de la necesidad de afinar mejor el oído para escuchar lo que está diciendo nuestro Padre.

Si abrimos los ojos como ocurrió con el profeta Eliseo, veremos el gran ejército que lucha a nuestro favor. También comprenderemos lo que nuestro Señor y Dios nos enseñó al afirmar: «Mi Padre hasta ahora trabaja, y yo trabajo» (Juan 5:17). La mano de Dios no se ha acortado. Está tan activo hoy como en la creación, en tiempo de Moisés o en los días en que Jesús anduvo haciendo bien en la Tierra.

### El proceso de David

¿Cómo llegó David a tener convicciones tan profundas y estrategias tan eficaces? El proceso divino en él había sido abundante e intenso. A partir de 1 Samuel 17:12, se nos dan algunos detalles sobre David que nos señalan su formación.

Era parte de una familia de la región de Judá, específicamente de Belén, de donde unos años más tarde, habría de salir el Cristo, según la profecía de Miqueas 5:2. Belén nunca fue una ciudad grande. David era el hijo menor de una familia de ocho hermanos, y como su padre era viejo, ya no podía participar en la guerra.

Sus tres hermanos mayores ingresaron en el ejército para seguir al rey Saúl. Según 17:15, David dejó a Saúl para volver con su padre y atender el rebaño de ovejas. El interés de David en la milicia era evidente, pero el respeto y el sentido de responsabilidad lo obligaban a cumplir con su padre. Este fue el proceso formativo de Dios en la vida de David.

Nos equivocamos creyendo que Dios necesita un lugar especial para formarnos. En cada movimiento, situación, encuentro, decisión o circunstancia, Dios nos está formando. Él nunca pierde el sentido de orientación, y provoca condiciones en nuestra vida que, aunque parezcan casualidad, son solo parte del proceso formativo total. Usted no es un accidente; es parte integral del plan divino.

> **Usted no es un accidente; es parte integral del plan divino.**

Saúl comparó a los dos paladines y concluyó que David no tenía posibilidades. El muchacho le mostró sus credenciales, explicándole que Dios había estado con él en su desarrollo y lo había estado preparando:

*Tu siervo era pastor de las ovejas de su padre; y*
*cuando venía un león, o un oso, y tomaba algún*
*cordero de la manada, salía yo tras él, y lo hería, y lo*
*libraba de su boca; y si se levantaba contra mí, yo le*
*echaba mano de la quijada, y lo hería y lo mataba.*

1 Samuel 17:34-35

## Descubramos a Dios en la rutina

Para cualquiera, pastorear ovejas habría sido una desgracia, pero David le sacó provecho. La clave no está en dónde vivo, ni en qué circunstancias vivo, sino en cómo descubro a Dios en la rutina diaria. ¿Cómo interpretamos las acciones divinas en el quehacer cotidiano? Esto es lo que dijo David:

*Jehová, que me ha librado de las garras del*
*león y de las garras del oso, él también me*
*librará de la mano de este filisteo (v. 37).*

Sin duda alguna, David había vivido diariamente en la presencia de Jehová. Aun en esos momentos que parecían pasar sin pena ni gloria, él descubría la presencia del Señor.

Dios participa en la vida de todos, pero no todos lo reconocen. El sabio Salomón comprendió esta gran verdad y declaró:

*Reconócelo en todos tus caminos, y*
*él enderezará tus veredas.*

Proverbios 3:6

Si reconocemos Su presencia en cada paso que damos, Dios tendrá el control para hacer que todo obre para nuestra edificación y para Su gloria.

## La aplicación de lo aprendido

David sencillamente aplicó en un plano mayor lo que Dios ya le había enseñado en otra dimensión. «Si me dio la victoria sobre el león y el oso, también me la dará sobre el filisteo», fue el razonamiento del joven David. Así es la enseñanza en el Señor: *de gloria en gloria y de victoria en victoria.*

El principio de aplicar lo aprendido de Dios a otras circunstancias de la vida nos conduce a la madurez cristiana. En mi oficina pastoral, recibo a gente con distintos problemas, y practico con ellos un ejercicio que me ha dado magníficos resultados. Les pregunto: «¿Es la primera vez en su vida que le ocurre algo como esto?». En general, contestan que ya les había sucedido anteriormente. Entonces pregunto: «¿Y cómo le ayudó Dios a resolverlo en el pasado?». Inmediatamente, comienzan a contarme lo que el Señor hizo y lo que ellos hicieron. Entonces, les pregunto: «¿Qué podemos hacer para utilizar lo que Dios ya le ha enseñado respecto a esto?».

Es casi increíble, pero en cada ocasión, la misma persona llega a conclusiones sin necesidad de que yo aporte nada nuevo. Dios no comenzó a trabajar en su vida cuando usted tomó este libro en sus manos; tampoco cuando inició su proceso de oración. Dios le ha dado experiencias que quiere usar. Lo que el Señor le enseñó a través de la experiencia no es material descartable; es más bien reusable.

En la oficina de un pastor amigo, un diácono me comentó sobre la situación que vivía con su hijo. Cuando terminamos de hablar, dos cosas quedaron claras: La primera, que el diácono se sentía ministrado y aliviado de su carga. La segunda, que yo no había hablado mucho durante la media hora en la que estuvimos juntos. Al finalizar nuestra entrevista, este diácono me dijo: «Pastor, perdone que le tomara de su tiempo con mis tonterías». Lo cierto es que cuando llegó, no pensaba que su situación fuera una «tontería». Pero finalmente, comprendió que Dios le había dado la respuesta hacía mucho tiempo, de gloria en gloria y de victoria en victoria.

A menudo, en nuestras campañas, Dios obra sanidades físicas tan maravillosas, que también lleva nuestra fe de gloria en gloria y nos recuerda que, así como obró maravillas en el pasado, lo sigue haciendo constantemente.

En cambio, muchos tienen todavía una perspectiva similar a la de los hermanos de David y a la de Saúl. Ellos se detuvieron ante la amenaza del enemigo, entendiendo el desafío como un riesgo personal.

## Un viaje periodístico

Soy aficionado al periodismo. Si alguien me preguntara: «¿A qué época de la historia te gustaría ir como periodista?», le contestaría sin titubeos: «Desearía ir al valle de Ela, en tiempo del rey Saúl, precisamente unos días antes de que David llegara a enfrentarse a Goliat». Quisiera llegar con una cámara y entrevistar a los hermanos de David, a Saúl, a Jonatán y a uno que otro de los soldados. Quisiera grabar la oración nocturna de algún soldado, que seguramente le pediría al Señor: «Dios mío, envía a un siervo tuyo para que se enfrente a Goliat».

Además, preguntaría: «¿Por qué no se enfrenta usted mismo a Goliat?». Se lo preguntaría a un rey como Saúl, a un valiente como Jonatán y a soldados profesionales, como los hermanos de David. Creo saber las respuestas que recibiría. Son las mismas respuestas que la iglesia da en estos días, cuando le preguntamos: «¿Por qué no estás haciendo lo que el Señor nos manda en Su Palabra?».

Alguno de los soldados diría: «No le tengo miedo a Goliat, pero como soy un fiel creyente, no me moveré sin que Dios me hable». Otro diría: «A mí Dios ya me dijo que me ha llamado y yo quiero ir a la batalla, pero estoy esperando confirmación». Seguramente, no faltaría quien se levantara y dijera: «Tengo la confirmación, pero estoy esperando el tiempo del Señor».

Todas estas excusas pueden parecer válidas y hasta espirituales, pero no dejan de ser una dilación en el plan de Dios. Una palabra divina debe ser suficiente para que avancemos sin demora. La noción de que algo glorifica al Señor debe ser la razón suprema para la toma de decisiones.

Pareciera que estos lastres religiosos no estaban en la vida del joven David. Su teología se limitó a un análisis elemental: «¿Qué le trae honra a Dios en esta situación? Lo que sea, eso haré, no importa lo que cueste».

A veces, pensamos que Dios está ausente o que no tiene en cuenta nuestra situación, pero no percibimos que se trata en realidad de un ataque de Satanás, que no discrimina por sexo, edad, raza, color, credo, ni nacionalidad. Los hermanos de David no pudieron ver más allá de lo que tenían presente, y pasaron por alto el propósito de Dios para esa circunstancia. En cambio, Goliat, un pagano, al verse frente a esta batalla, sí echó mano de sus dioses. Él «maldijo a David por sus dioses» (1 Samuel 17:43).

## Una batalla en otra esfera

Aparentemente, Goliat sabía que no era una guerra entre él y David. El verdadero enfrentamiento era entre Jehová y los dioses de los filisteos. Sin embargo, esa misma realidad le daba a David la garantía de la victoria. A fin de cuentas, estaban desafiando a Jehová. Esto siempre es así. Cuando alguien ataca a un siervo de Dios, debe saber que Jehová peleará con él.

Mi buen amigo Hugo había estado orando por su condición de salud, que no parecía mejorar. Era evidente que el largo proceso de su padecimiento había sido útil para que Hugo recibiera algunas enseñanzas. Esto no significa que la enfermedad fuera de Dios, pero sí que Él usa toda situación para edificarnos y formarnos.

A Hugo lo invitaron a dictar un ciclo de conferencias en algunas iglesias locales. A pesar de su condición física, aceptó ir por amor a los necesitados. Asistieron también varios religiosos que no tenían paciencia para vivir el proceso divino, y declararon que, si Hugo hubiera sido un hombre de Dios, no estaría enfermo. Dijeron tantas cosas ofensivas, ajenas al amor y a la misericordia divina, que son imposibles de mencionar en este libro.

Ya de camino a su casa, Hugo lloraba en la presencia del Señor, cuando escuchó la voz de Dios en su corazón, que le dijo: «Hugo, no llores, porque no fue a ti al que desafiaron, sino a mí. Ve mañana y diles que yo, Jehová, acepto el reto. Diles que te sanaré dentro de poco». Y así fue. En unos días, todas las enfermedades que sufría Hugo desaparecieron para la gloria de Dios y la vergüenza de los acusadores. Después del milagro, Hugo no era más espiritual que antes, ni estaba más cerca de Dios, y quedó claro que la enfermedad no obedece a la ausencia divina. No nos pongamos en la peligrosa posición de juzgar a los demás.

## La voz de fe domina el ambiente

David avanzó contra Goliat, consciente de que la batalla era de Jehová:

*Tú vienes a mí con espada y lanza y jabalina;*
*mas yo vengo a ti en el nombre de Jehová*
*de los ejércitos, el Dios de los escuadrones*
*de Israel, a quien tú has provocado.*

1 Samuel 17:45

Notemos que la provocación de Goliat tocó a Dios de forma directa. Cuando libramos nuestra batalla en el nombre de Jehová, no nos sentimos desamparados, pues Él va con nosotros.

La voz de David iba cargada de fe, y sin matiz de duda. Sabía que el Poderoso lo acompañaba, y le anunció a Goliat: «Jehová [no será otro] te entregará hoy [no tenía duda del tiempo] en mi mano [nada de enviar a otro siervo; aquí estoy yo] y yo te venceré». Estas no son palabras de una persona que duda, sino de alguien a quien lo mueve una visión más alta y grande que él.

¿Por qué había tanta convicción en David? El versículo 46 nos lo aclara: «Y toda la tierra sabrá que hay Dios en Israel». Lo que movía a David no era un deseo de reconocimiento ni de fama. Esto habría dejado a Dios en segundo plano. David deseaba que toda la tierra supiera cuán real y poderoso era el Dios verdadero, Jehová el Señor, y que la honra fuera para Él. La causa de David no era personal ni política; era divina, y la transformó en su motivación.

Si la causa que nos motiva es superior a nosotros, nos volvemos virtualmente invencibles.

> *Si la causa que nos motiva es superior a nosotros, nos volvemos virtualmente invencibles.*

## Ni la muerte detiene al creyente

En Apocalipsis 12:11, se abre un paréntesis para decirnos que Satanás no vence a los creyentes. Aquí, los escogidos vencen gracias a tres cosas: la sangre del Cordero, la palabra del testimonio y por haber menospreciado su vida hasta la muerte.

La sangre del Cordero vertida en el Calvario nos da la victoria a través de los siglos hasta los días del fin. Por otro lado, no puede refutarse la palabra del testimonio de un creyente. Cualquiera puede pelear su doctrina, pero la palabra del testimonio tiene la fuerza de la experiencia. Por último, menospreciaron su vida hasta la muerte. ¿Quién puede detener a una persona que está dispuesta a morir por lo que cree?

Satanás tiene un arma poderosa si puede atemorizar a la gente como a los soldados de Israel. Pero cuando se encuentra con alguien como David o los creyentes de Apocalipsis 12, se frustra, porque ni con amenaza de muerte los puede amedrentar.

Si en algún momento, David consideraba la posibilidad de morir, era para él un privilegio. De esa forma, otras maneras menos drásticas de sembrar temor también pierden fuerza. No temo hacer el ridículo, a que me humillen ni a sufrir, si es por Cristo. El que no teme dar la vida por Cristo, descubrió el secreto de la fe y la confianza en Dios, y puede decir: «Nada me será imposible».

Termino este capítulo considerando otros dos aspectos de la fe de David: la diligencia y la previsión.

## Sin distracciones

Toda la convicción en el corazón de David no fue excusa para dormirse en los laureles. Demostró diligencia y preparación, al llevar sus piedras y su honda.

> *David se dio prisa, y corrió a la línea de batalla contra el filisteo. Y metiendo David su mano en la bolsa, tomó de allí una piedra, y la tiró con la honda, e hirió al filisteo en la frente. (vv. 48-49).*

David no perdió tiempo ni se arriesgó. Con diligencia, adoptó el papel del agresor, y apuntó a la frente, el punto vulnerable. Este muchachito quería vencer para la gloria y honra de Dios. El ocio es injustificable, y el que lo confunde con fe está destinado al fracaso, ya que Dios jamás honrará la pereza ni la irresponsabilidad.

## Hombre precavido vale por dos

El último aspecto a considerar es la previsión de David. Al evangelista Raimundo Jiménez, le oí decir: «Fe es esperar lo mejor, pero prepararse para lo peor». Cualquiera puede aventurarse a juzgar a este hermano, diciendo que no tiene una fe genuina. Tengo dos razones para no hacer tal juicio. La primera es que fui testigo de su fe al presenciar milagros extraordinarios en sus campañas, y no solo de sanidad. Y la segunda es que, en 1 Samuel 17:40, vemos lo que hizo David:

> *Y tomó su cayado en su mano, y escogió cinco*
> *piedras lisas del arroyo, y las puso en el saco*
> *pastoril, en el zurrón que traía, y tomó su*
> *honda en su mano, y se fue hacia el filisteo.*

¿Para qué llevó todo eso si lo terminaría con una sola piedra? Eso se llama previsión. Un pastor me dijo que, probablemente, tomó cinco piedras para matar a los hermanos del gigante, si estos también querían pelea (y esto me hizo sonreír). Otro me dijo que fue porque, si fallaba con la primera piedra, seguiría peleando con las otras y con el cayado hasta terminar definitivamente con Goliat. Cualquiera sea el caso, David fue previsor. La fe no solo le ayudará a alcanzar lo esperado, sino a seguir adelante, en caso de que eso no llegue cuando lo esperaba.

## Capítulo 15

# Un caso del Nuevo Testamento

*Entonces vinieron a Jericó; y al salir de Jericó él
y sus discípulos y una gran multitud, Bartimeo
el ciego, hijo de Timeo, estaba sentado junto al
camino mendigando. Y oyendo que era Jesús
nazareno, comenzó a dar voces y a decir: ¡Jesús,
Hijo de David, ten misericordia de mí! Y muchos
le reprendían para que callase, pero él clamaba
mucho más: ¡Hijo de David, ten misericordia de
mí! Entonces Jesús, deteniéndose, mandó llamarle;
y llamaron al ciego, diciéndole: Ten confianza;
levántate, te llama. Él entonces, arrojando su
capa, se levantó y vino a Jesús. Respondiendo
Jesús, le dijo: ¿Qué quieres que te haga? Y el ciego
le dijo: Maestro, que recobre la vista. Y Jesús
le dijo: Vete, tu fe te ha salvado. Y en seguida
recobró la vista, y seguía a Jesús en el camino.*

Marcos 10:46-52

El caso de Bartimeo es un ejemplo extraordinario de
fe. Sin titubeos, llamó a Jesús «Hijo de David», que
era un reconocido título mesiánico, e hizo así una abierta
confesión de fe. Gritó a los cuatro vientos que creía que
Jesús era el Mesías, y el pueblo judío sabía que el Cristo
habría de darles vista a los ciegos.

## La fe es persistente

A simple vista, los gritos de Bartimeo parecían ser el resultado de su condición de miseria, enfermedad e impotencia, al vivir a expensas de la benevolencia pública. Sin embargo, Jesús pudo ver en aquellos gritos una expresión de fe. Él creía que Jesús podía hacer algo por él.

La fe de este hombre necesitado lo llevó a desafiar a quienes intentaban callarlo. Así que gritaba con mayor intensidad: «Jesús, Hijo de David, ten misericordia de mí». En su grito, expresaba su apremiante necesidad pero también evidenciaba su confianza, tanto en la habilidad como en la disposición de Cristo de tenderle la mano.

Ninguno de los que reprendían al ciego creía que Jesucristo le prestaría atención. No habrían apostado ni cinco centavos a que Jesús lo miraría siquiera. Entonces, de pronto, sucedió lo que menos esperaban. El Señor detuvo Su marcha hacia Jerusalén, donde le esperaba la entrada triunfal, y donde tenía una cita con la eternidad. Allí, aguardaban una serie de acontecimientos trascendentales y con repercusiones eternas, no para unos pocos, sino para toda la humanidad.

No obstante, Jesús se detuvo, y los espectadores contuvieron la respiración. ¿Qué estaba ocurriendo? Muy sencillo: la fe de un mendigo atrajo la atención del Creador del universo. Algo que a los hombres les parece difícil de aceptar es que el Rey de reyes tenga tiempo para alguien que suplica ayuda.

El grito de fe de Bartimeo no solo detuvo a Jesús, sino que hizo que el Señor lo llamara. Este llamado cambió el ambiente alrededor del ciego. La represión de quienes lo rodeaban se convirtió en palabras de estímulo. «Ten confianza», le decían. Pero, ¿de qué hablaban; si los que desconfiaban eran ellos?

## La fe como respuesta al llamado

Bartimeo estaba lleno de fe y confianza. Lo hizo evidente al responder al llamado del Señor, porque es allí donde se muestra la fe: en nuestra respuesta al llamado. El ciego arrojó la capa; no permitiría que nada estorbara en su camino para acercarse a Jesús. Se despojó de todo impedimento. Ni los hombres, ni las pertenencias materiales, ni la costumbre, ni el derecho a mendigar; nada podía interponerse entre Bartimeo y Jesús.

Bartimeo comprendió el llamado de Jesús y quemó las naves para no volver atrás. No le importó lo que pasaba con la capa. Que la pisotearan, que la dañaran o incluso que la robaran. Nada importa para un hombre que avanza en fe hacia Aquel que es la fuente de los milagros. La respuesta fue firme, inmediata y espectacular.

El ambiente estaba cargado de gran expectativa. Todos esperaban que en cualquier momento ocurriera la manifestación milagrosa. Parecía no faltar nada. Jesús presente, un hombre necesitado con suficiente fe, el llamado, la respuesta conmovedora del ciego... y allí estaban frente a frente. Cualquiera se sentiría capaz de pronosticar los próximos acontecimientos. Nadie sospechó siquiera cuáles serían las palabras de Jesús, que hizo una pregunta que, a los ojos humanos, estaba totalmente fuera de contexto. Los discípulos, usted, yo y cualquier otro sabría a la perfección qué esperaba Bartimeo de Jesús.

## Además de creer, ¿qué puede faltar?

Para el Señor, el cuadro no estaba completo, faltaba algo que podía impedir que ocurriera el milagro deseado. Y entonces, hizo la rara pregunta: «¿Qué quieres que te haga?». ¿A quién se le ocurre semejante pregunta? Los discípulos tienen que haberse preguntado: «¿Qué le sucede a Jesús?». Tal vez usted también se pregunte cómo podía Jesús no saber lo que quería el ciego Bartimeo. El Señor sí sabía lo que necesitaba el hombre, como conoce también todos nuestros problemas. Aun así, hizo que el que buscaba el milagro pronunciara con claridad su petición. Es de suma importancia definir qué se quiere de Dios y expresarlo en palabras.

Todo parecía estar listo en el caso de Bartimeo, pero aún no ocurría el milagro. Quizá esté experimentando lo mismo con algunas necesidades. No basta que usted y Dios sepan cuál es su necesidad; Él espera que usted convierta esa necesidad en una petición clara y específica.

«¿Qué quieres que te haga?». Esta pregunta no es solo para Bartimeo; es también para usted en este momento. El ciego la contestó diciendo: «Maestro, que recobre la vista». Y en ese instante, ocurrió lo anhelado.

El mismo poder que creó todo el universo por su palabra entró en acción una vez más, y obró en favor del ciego. Inmediatamente, Bartimeo quedó sano. ¿En qué momento ocurrió el milagro? Sucedió cuando la necesidad se convirtió en una petición específica y particular delante de Dios. Haga lo mismo y verá resultados igualmente específicos.

El apóstol Pablo también menciona este principio de ser específico en nuestra oración:

*Por nada estéis afanosos, sino sean conocidas*
*vuestras peticiones delante de Dios en toda*
*oración y ruego, con acción de gracias.*

Filipenses 4:6

Para Pablo, la oración de fe era la cura para la ansiedad. El afán desaparece en la medida en que el hombre entrega, por la fe, sus necesidades al Señor.

## Hagamos que Dios conozca nuestras peticiones

Hay una forma mediante la cual los hijos de Dios le dicen a su Padre celestial qué esperan de Él. Es al mismo tiempo la solución que el apóstol da al problema de la preo-cupación: la oración.

> *El afán desaparece en la medida en que el hombre entrega, por la fe, sus necesidades al Señor*

El Nuevo Testamento interlineal muestra que Pablo presenta un cuadro completo del proceso, y emplea cuatro palabras griegas:

(1) **Oración** (*proseujé*): se emplea para hablar de la oración en general.

(2) **Súplica** (*déesis*): se utiliza para hablar de momentos especiales de necesidad.

(3) **Acciones de gracias** (*eujaristía*): nos hace mirar

hacia otros momentos, en los cuales Dios nos ha ayudado en circunstancias similares.

(4) **Peticiones** (*aítema*): se refiere a solicitudes específicas para necesidades concretas. Este es el aspecto en que quiero centrarme.

A lo largo de las Escrituras, se sostiene el deseo de Dios de que seamos claros y específicos si esperamos respuestas directas. Divagar en la petición sin definir qué se anhela no es un síntoma de espiritualidad, sino más bien de falta de fe y desconfianza en el amor y la buena voluntad de Dios para Sus hijos.

## El peligro de lo evidente

La idea de que algo es evidente (y por lo tanto, no es necesario mencionarlo) es uno de los mayores enemigos de nuestras peticiones. En mi oficina, recibo de continuo matrimonios que desean orientación en cuanto a cómo resolver sus problemas conyugales. Muchas veces, se echan la culpa el uno al otro de falta de amor, o afirman que es el otro quien quiere divorciarse.

En esos casos, pregunto: «Si ninguno quiere divorciarse y ambos afirman amar al otro, ¿dónde está el problema?». Descubro que la razón fue que uno no logró comunicarle eficazmente su amor y su interés al otro. Este conflicto surge cuando una de las partes comienza a creer que su amor por el otro es evidente, y no necesita reafirmarlo.

En el amor no hay nada obvio; todo hay que comunicarlo con claridad. Las palabras, los gestos y otras expresiones de amor nunca sobran en ninguna relación.

## Una tragedia de omisión

Uno de los momentos más difíciles en que me ha tocado predicar ocurrió hace varios años, cuando un pastor amigo me pidió que hablara en el entierro del hijo de un fiel creyente, miembro de su congregación. El niño, de unos trece años, se había suicidado.

Se me permitió leer una nota que el muchacho escribió antes de suicidarse. En la nota decía, entre otras cosas, que él no era necesario en el mundo y que nadie lo amaba.

Las palabras del jovencito contrastaban con el ambiente que se vivía en el sepelio. Los padres, los hermanos, los compañeros de colegio, los maestros, los vecinos, los miembros de la iglesia, los pastores y todos los presentes lloraban y comentaban lo bueno que era el muchacho y cuánto lo amaban.

Ante tal manifestación de amor y una nota tan contradictoria, me sentí obligado a preguntar: «Entonces, ¿qué falló aquí?». Llegué a la conclusión de que todo el mundo lo amaba, pero él no lo sabía. No habían logrado comunicárselo a tiempo, y ahora era demasiado tarde.

El amor que no se expresa no es provechoso. En el amor y en la fe, no hay lugar para lo evidente. Es decir, las relaciones interpersonales y la oración de fe no dan fruto pleno si la comunicación no es clara, específica y particular. Al ser amado y a Dios hay que hablarles con claridad. Y la confesión de fe y amor aprovecha tanto al que habla como al que escucha.

No pierda un solo instante. Dígale a sus seres queridos cuánto los ama. Acuda a Dios y dígale qué cosa pide.

## Capítulo 16

# El proceso de la fe

*Pero teniendo el mismo espíritu de fe, conforme
a lo que está escrito: Creí, por lo cual hablé,
nosotros también creemos, por lo cual también
hablamos, sabiendo que el que resucitó al Señor
Jesús, a nosotros también nos resucitará con Jesús,
y nos presentará juntamente con vosotros.*

2 Corintios 4:13,14

Acompañar a individuos y familias en sus luchas me
ha permitido observar de cerca eso que llamamos «el
proceso de la fe». La fe comienza con creer, y creer algo que
se oye. El término griego *pístis*, que traducimos *fe*, supone
una convicción basada en lo que se oye. De modo que en el
proceso de la fe, es fundamental escuchar correctamente.
Dios habla y nunca dejó de hacerlo, pero es necesario
prestar atención. La lectura consciente de la Biblia nos
permite escuchar a Dios y así dar base a nuestra fe.

El modelo de fe que necesitamos no puede apoyarse en
ideas populares, sino en la Biblia. La manera de desarrollar
el proceso de la fe es leer y meditar lo que está escrito por
el Espíritu Santo en las Escrituras. A la declaración de «yo
creo», siempre alguien le preguntará: «¿Qué crees?». Lo que
tanto usted como yo debemos definir es de dónde hemos de
sacar lo que vamos a creer.

¿Creeremos lo que se nos ocurra? ¿Creeremos lo que la gente cree? ¿O creeremos lo que dice Dios? La fuente de lo que creemos determina la autenticidad de la fe que profesamos. El proceso de la fe comienza creyendo, no confesando. No se habla para creer; se habla porque se cree.

## La fe opera creyendo

La confesión de fe es válida cuando proviene de un corazón convencido. Es válida cuando nace del trato profundo del Espíritu Santo en el espíritu del hombre, en un proceso de sincero quebranto, donde el individuo descubre que la verdad de Dios prevalece.

Por lo tanto, es justo decir que la fe opera creyendo, no por sentimientos ni por vista. En el proceso de la fe, descubro que ella es más razonable que las emociones mismas. Como nuestro culto a Dios es racional y no meramente emocional, nuestra fe debe nacer de la sincera búsqueda de lo que Dios dice.

> *Como nuestro culto a Dios es racional y no meramente emocional, nuestra fe debe nacer de la sincera búsqueda de lo que Dios dice.*

Cuando hablamos de fe, no nos referimos a un suicidio intelectual, pero sí es importante que el hombre sujete su mente a la autoridad divina. El control debe estar siempre en el espíritu, y no en las emociones ni en el cuerpo. El salmista, en su monólogo interno, se levanta en la autoridad de una voluntad sujeta a Dios y da la orden: «Alaba, oh alma mía, a Jehová». En esa declaración del salmista, no hay una consulta al cuerpo para ver si tenía fuerzas, o a las emociones para ver si estaban dispuestas.

## El lugar de mayor potencial acumulado

Es innegable que todo ser humano nace con un extraordinario potencial. Me refiero a la capacidad que Dios pone en el individuo para producir cosas. Sin fe como vehículo para desarrollar ese potencial, se frustra el sueño de querer alcanzar aquello para lo cual estamos en este mundo.

Una vez, escuché decir a un pastor: «El cementerio es el lugar con mayor potencial acumulado». La declaración me pareció ridícula, pero el pastor continuó diciendo: «Esto es así porque, diariamente, mueren preciosos seres humanos que nunca desarrollaron su potencial; por lo tanto, se lo llevaron a la tumba». En ese momento, comprendí la sabiduría del pastor. ¡Qué gran verdad expresó!

## El caso de Pedro

Pedro trabajó con Estrellita y conmigo en la universidad, evangelizando a jóvenes. Luego, desapareció por un tiempo y supimos que estaba consumiendo drogas ilegales. Más adelante, en una de nuestras actividades, vivió una linda experiencia con Dios y regresó a trabajar con intensidad en el ministerio. Pero luego de un par de años, volvió a caer en el vicio de las drogas. Este proceso se repitió vez tras vez.

Traté a Pedro por espacio de unos quince años. La única constante en su vida fue el regreso continuo a las drogas.

Finalmente, contrajo SIDA. Aun así, la inconstancia era su constante. Pocas veces he conocido a una persona con tanta capacidad, y sus amigos siempre afirmaban que tenía un gran potencial. ¡Pero de qué servía tanto talento!

Un día, en mi oficina, recibí una llamada de la madre de Pedro, para informarme que el joven había muerto. Aunque sabíamos que era algo inminente, la noticia me impactó. La mamá de Pedro notó mi aflicción e intentó consolarme. Me dijo: «Pastor, la buena noticia es que Pedro murió glorificando a Dios; se reconcilió con el Señor, y murió salvo». «¡Gloria a Dios!», fue mi respuesta.

Colgué el teléfono y me arrodillé a orar, porque las palabras de aquella humilde mujer no lograban consolar mi corazón. Me sentía profundamente afligido por la muerte de mi amigo. Que estuviera en el cielo no me proporcionaba consuelo, y no podía entender qué me ocurría. Le pedía a Dios que me ayudara a comprender la razón de mi extrema tristeza, y Dios me habló. Sus palabras fueron: «Pedro salvó su alma, pero perdió su vida».

**No basta con tener un gran potencial. Se requiere fe para desarrollarlo.**

Claro, ahora lo entendía. Era otro caso de alguien que recibía salvación pero no respondía a Dios viviendo a la altura de su llamado; otro que se llevaba el potencial a la tumba. No basta con tener un gran potencial. Se requiere fe para desarrollarlo.

## La fe es un requisito

En la vida, la fe es un requisito, no una opción. Es un

elemento indispensable para todo lo que hacemos: para trabajar, estudiar, criar hijos, casarse y para desarrollar una familia.

## Decidí vivir

Al llegar al lugar donde predicaba, un joven me pidió conversar a solas. Acepté y acordamos vernos al día siguiente. Aquel muchacho sostuvo algunos de los argumentos más negativos que he escuchado: no se sentía amado, temía ir a la universidad, no tenía manera de ganarse la vida dignamente, y suponía que ninguna mujer lo consideraría un candidato serio para el matrimonio. Él era su peor enemigo; en todo, encontraba una posibilidad de fracaso. La razón principal para conversar conmigo era que estaba contemplando quitarse la vida y escapar así de su crisis. Intenté crearle conciencia acerca de las fatales implicaciones eternas de una acción como el suicidio, y luego le hablé de fe. Le expliqué que había intentado vivir sin incluir el elemento de la fe, y por eso había fracasado. Lo desafié a intentar todo, pero desde otra óptica. «Sume a sus planes y deseos el elemento de la fe y permita que Dios lo ayude», le dije al joven. Me escuchó atentamente por unos quince minutos y luego oramos y se marchó. Le compartí mi correo electrónico e indiqué que podía escribirme cuando necesitara mi asistencia.

No supe más de él por varios días. Terminé mis conferencias y me marché de aquel país. Unas semanas más tarde, recibí un correo electrónico del muchacho, con dos frases: «Decidí creer; decidí vivir». El joven se propuso acompañar su potencial con fe.

## La fe como catalizador

Henry Ford dijo: «Si crees que puedes o que no puedes, tienes razón». Esto es cierto, porque la fe hace que las cosas ocurran, y la ausencia de fe las frustra. De esa forma, lo que usted cree siempre es cierto, para bien o para mal. La pregunta no es si creo o no creo; es en qué creo y cómo me afecta.

Uno de mis versículos favoritos cuando enseño sobre fe es Marcos 11:24 «Por tanto, os digo que todo lo que pidiereis orando, creed que lo recibiréis, y os vendrá». Disfruto al considerar la frase «lo que pidieres orando». La gente parece creer que cuando pide, está orando. Pero la realidad es que, a veces, se pide sin orar, y en otras, se ora sin pedir. No siempre que pedimos estamos orando.

*La fe es el catalizador que hace que las cosas ocurran.* La petición sin la actitud de oración es un lamento vacío. Para que nuestra petición sea oración y tenga respuesta debe ser dirigida a Dios en actitud de fe. La fe es el catalizador que hace que las cosas ocurran.

## La experiencia de Román

Román es un hermano en la fe que, durante algún tiempo, invirtió gran esfuerzo y recursos económicos en la construcción de una capilla para su congregación local. Era de suponer que, después de tanto esfuerzo, Dios bendeciría su empresa y lo prosperaría. Pero ocurrió todo lo contrario. Román tuvo un accidente y estuvo fuera de su oficina durante varios meses. Las cosas fueron empeorando hasta que finalmente se vio en la quiebra y perdió todo.

Tuve varias conversaciones con él. Su fe era firme. Algunos amigos le señalaban que tal vez se había excedido dando a la iglesia, y que por eso había quebrado su empresa. La respuesta de este empresario cristiano me impresiona hasta hoy. «¿Ustedes no ven que perdí todo lo que tenía? Lo único que no perdí fue lo que le di al Señor». Y añadía: «De lo único que me arrepiento es de no haberle dado más a Dios».

En una de mis conversaciones con Román, él se mostró decepcionado con el tipo de empresa que había tenido y me manifestó que nunca volvería a la industria de la construcción. En aquel momento, sentí que Dios habló a mi corazón para que le dijera a Román que, en un año, Él levantaría la empresa. Le anuncié: «Volverás a la construcción porque Dios me ha dicho que en menos de un año te levanta». Me comentó: «Pastor, ¿cómo será eso? Estoy en quiebra y fuera del mercado». Le contesté: «Cree estas palabras y verás». Me respondió: «Lo creo».

Tres meses más tarde, el mismo banco que lo había despojado de todas sus posesiones lo llamó para negociar. No doy mayores detalles, pero Román recuperó su empresa, quedó sin deudas y el primer año de la nueva empresa fue tres veces mejor que el mejor año de la que había quebrado. Por eso, enfatizo que la fe es el agente catalizador que hace que las cosas sucedan.

## El borracho y los milagros

Una hermana me contó que oró por su esposo alcohólico durante años, hasta que se convirtió. A pesar del consejo de algunas personas, ella había decidido no divorciarse y creer que Dios lo rescataría. Esos años fueron sumamente difíciles, porque el hombre gastaba en alcohol hasta el dinero destinado para los alimentos de la familia. Pero, finalmente, el milagro ocurrió y el hombre creyó en Jesús como Salvador.

Después de su conversión, un grupo de antiguos compañeros de borrachera se burlaban de él, diciéndole: «¿Acaso crees que Cristo hizo que el agua se convirtiera en vino? Enséñanos cómo se hace, hermanito».

El que había sido borracho como ellos, les respondió sin titubear: «No sé cómo Cristo convirtió el agua en vino, pero lo que sí sé es que, en mi hogar, Jesús hizo que el vino se convirtiera en comida, en ropa para mis hijos y en dinero para pagar la casa». La práctica respuesta del nuevo creyente les cerró la boca a los escarnecedores. La esposa, admirada, daba gloria a Dios por la conversión de su marido. La fe de ella provocó el cambio.

## No rendirse jamás

Renunciar a la fe es trágico. Quien se rinde antes, fracasa. Es cierto que, cerca de la victoria final, arrecia la batalla, pero eso no es razón para rendirse, sino para intensificar nuestro trabajo. No hay fracaso en la batalla, pero sí en abandonar la lucha. La vida de fe requiere perseverancia y paciencia, y por más dura que parezca, no hay otra forma de vida que valga la pena.

## Para orar por viento, hay que izar las velas

Cuando el misionero Hudson Taylor fue a China, viajó

en un barco de velas. Mientras se acercaban a la península de Malay y a la isla de Sumatra, el misionero escuchó a alguien que golpeaba la puerta de su cabina. Al abrir, vio al capitán que le decía:

—Señor Taylor, no hay viento. Estamos acercándonos a una isla donde temo que hay puros caníbales.

—¿Qué puedo hacer?—, preguntó el señor Taylor.

—Yo entiendo que usted es un cristiano y que cree en Dios—respondió el capitán—. Necesito que ore a Dios para que nos mande viento.

—Está bien, capitán, lo haré—, dijo Taylor. —Pero primero, usted debe levantar y abrir las velas.

—Pero eso sería una locura—, exclamó el capitán—. No hay nada de viento. Además, los marineros creerán que estoy loco.

Después de mucha insistencia de parte del misionero, el capitán se sometió a lo que le exigía. Unos 45 minutos más tarde, el capitán regresó y encontró a Taylor, de rodillas, orando. «Puede dejar de orar ya», dijo el capitán. «No sabemos qué hacer con todo el viento que tenemos».

El ejercicio de izar las velas es una expresión de fe. El proceso no está completo si no hay en nosotros una acción que corresponda a esa fe que sentimos y profesamos. Muchos milagros quedan en el tintero, a la espera de una acción que evidencie que en efecto creemos que podemos recibir aquello que pedimos.

Lector, levante sus velas; hay vientos de bendición que esperan su expresión de fe.

## Capítulo 17

# La fe nos impulsa

*Por la fe Abraham, siendo llamado, obedeció para
salir al lugar que había de recibir como herencia; y
salió sin saber a dónde iba. Por la fe habitó como
extranjero en la tierra prometida como en tierra ajena,
morando en tiendas con Isaac y Jacob, coherederos de
la misma promesa; porque esperaba la ciudad que tiene
fundamentos, cuyo arquitecto y constructor es Dios.*

Hebreos 11:8-10

La fe es la conexión entre el poder de Dios y nuestra
necesidad; es la convicción de que todo lo que el Señor
dice es cierto. Es creer en Él, creerle a Él, y confiarle todo.

## La fe nos impulsa a tomar decisiones de alto riesgo

*Pero Jehová había dicho a Abram: Vete de tu
tierra y de tu parentela, y de la casa de tu padre,
a la tierra que te mostraré. Y haré de ti una
nación grande, y te bendeciré, y engrandeceré tu
nombre, y serás bendición. Bendeciré a los que te
bendijeren, y a los que te maldijeren maldeciré; y
serán benditas en ti todas las familias de la tierra.
Y se fue Abram, como Jehová le dijo; y Lot fue con
él. Y era Abram de edad de setenta y cinco años
cuando salió de Harán. Tomó, pues, Abram a*

*Sarai su mujer, y a Lot hijo de su hermano, y todos*
*sus bienes que habían ganado y las personas que*
*habían adquirido en Harán, y salieron para ir a*
*tierra de Canaán; y a tierra de Canaán llegaron.*

Génesis 12:1-5

Al salir de Ur, Abraham arriesgaba sus posesiones, sus logros, su familia y sus relaciones. Realmente, ponía en riesgo todo aquello por lo que había trabajado. Pero como dice el adagio popular: *Quien no arriesga, no gana.* Toda acción de negocios y proyecto empresarial siempre implican un riesgo.

Por supuesto, en la relación con Dios, la perspectiva es diferente. Nos preguntamos, ¿por qué Dios exige que nos arriesguemos? Lo que sucede es que solo desde nuestro punto de vista hay riesgo. Dios sabe perfectamente los planes que tiene para nosotros. Pero cuando tomamos el riesgo de obedecer a Dios, aun cuando los sentidos humanos nos indican que lo más lógico es tomar otro camino, evidenciamos que confiamos en el juicio divino, que conocemos que Su voluntad es buena, agradable y perfecta.

Las decisiones no se pueden tomar considerando los riesgos sino la promesa. El que mira lo que pierde, no avanza; pero el que mira la promesa, se extiende con alas de fe al futuro y toma posesión de lo que le ha sido prometido.

El futuro no solo depende de las oportunidades que tengamos sino de las decisiones que tomemos ante esas oportunidades. Siempre se abren caminos de posibilidades en la vida. Unos las ven y otros no; unos las aprovechan, otros las dejan pasar.

No se trata de cuántas oportunidades hayamos tenido o tendremos, sino de tener la actitud de fe que nos impulsa a subirnos a la ola y creer que Dios nos sostendrá.

Sin duda, hay riesgos, pero detenerse a mirarlos podría llevarle toda la vida. El consejo del apóstol Pablo es sostenerse como mirando al invisible. Nunca lo olvide cuando Dios lo impulse a tomar una decisión de alto riesgo. Mire las promesas: ellas harán que los riesgos palidezcan.

## La fe es un compromiso a largo plazo

Los compromisos de fe son a largo plazo. No iniciamos una empresa pensando que en poco tiempo la abandonaremos. Tampoco se toma el pastorado de una iglesia esperando que surja una mejor. Los votos matrimoniales son *hasta que la muerte nos separe*. Eso es un compromiso a largo plazo. La persona que comienza un proyecto sabiendo que habrá problemas tiene perspectivas de éxito, porque los obstáculos no son una razón para detenerse.

En este momento, haga conmigo un ejercicio. Cierre sus ojos y repita: *No me detendré hasta lograrlo; no me detendré hasta tener éxito; no me detendré hasta ver cumplido en mí el plan de Dios*. La fe es un compromiso a largo plazo, porque es un compromiso con Dios.

> **La fe es un compromiso a largo plazo, porque es un compromiso con Dios.**

## Un amor perdido

Iván era un hombre de mediana edad, que me confesó que su vida estaba detenida en el vacío. Le pregunté qué quería decir con esa expresión, y me contestó que había perdido la oportunidad más grande de su vida y que, desde entonces, se sentía que vagaba en el mundo sin rumbo fijo.

En un momento, sintió que había conocido a la mujer ideal y, sorprendentemente, ella también le correspondía el amor. La relación duró algunos años pero, por sus inseguridades, él no establecía un plazo fijo para la boda. La joven exigió una conversación seria donde participarían dos testigos. Allí, Iván accedió a establecer una fecha para la boda. Ella lo miró fijo y le hizo la pregunta que catapultaría la debacle: «Iván, mírame a los ojos y contéstame: ¿estás comprometido a ser mi esposo hasta que la muerte nos separe?».

Iván no quiso responder. Evadió la pregunta, porque sentía que esa afirmación era un contrato demasiado amplio. Trató de explicar que en el matrimonio podían surgir problemas y que era infantil pensar en hacer esa clase de compromiso.

La novia dio por terminada la conversación y la relación con una declaración y una sentencia: «Solo me casaré con un hombre que esté dispuesto a comprometer el resto de su vida conmigo. Ya te arrepentirás».

Así fue que Iván sintió que perdió el amor de su vida y solo le tomó minutos arrepentirse de su falta de compromiso y carácter. Después de orar con Iván, le dije: «Por extraño que parezca, debo decirle que usted no perdió al amor de su vida; solo perdió una muy buena oportunidad». Me preguntó: «¿Qué debo hacer?». Le respondí: «Iván, debe prepararse para tomar compromisos a largo plazo, porque Dios tiene una nueva oportunidad para usted y viene pronto. Probablemente sea mejor que la otra». Para saciar su curiosidad de lector, le cuento que, hace unos meses, supe que Iván finalmente se había casado.

Alimentado por la fe, Abram cubrió una ruta de más de 2400 km desde Ur hasta Canaán. En su mayoría, esta es una ruta desértica. De seguro era mucho más de lo que Abram hubiera deseado caminar. Los sueños que provienen de Dios tienen la particularidad de ampliar nuestros horizontes. Abram oraba por un hijo; Dios le multiplicó su descendencia como las estrellas del cielo. El patriarca veía una familia, y el Señor le dio naciones. La profecía de Isaías 54 nos exhorta a ampliar el sitio de nuestra tienda, a extender las cortinas y ahondar las estacas. Eso es ampliar la visión, elevar el grado de excelencia y fortalecernos.

## La fe nos impulsa a esperar lo imposible

La fe nos hace mirar más allá de nuestras posibilidades. Amo contar testimonios y compartir con el pueblo lo que Dios ha hecho en otros lugares. La experiencia me dice que, a menudo, hay gente escuchando que pasa por las mismas circunstancias de otros que ya han experimentado victoria. En las campañas evangelísticas, es común que personas me digan: «Yo estoy viviendo exactamente lo que usted acaba de contar». Como resultado, creen que si Dios lo hizo con otros, puede hacerlo con ellos también.

En Génesis 17, a Abram se lo describe como un

anciano de 99 años, y a Sarai, su esposa, como a una anciana de unos 89 años. Dios les cambió el nombre por Abraham y Sara. En ambos casos, el Señor amplió su visión, su expectativa. La fe es una fuerza en desarrollo. Cuando el anciano pensaba que ya no quedaba un horizonte nuevo, Dios comenzó a pintar un nuevo amanecer y señaló: «en esa dirección te llevo».

En el lenguaje de la fe, lo imposible no es un obstáculo sino un desafío. Tener un niño era imposible a la edad de Abraham y Sara, pero no en la dimensión de la fe. La fe espera lo que humanamente es imposible.

## Atleta de pies planos

El ejemplo es específicamente de sanidad física, pero ilustra de qué manera una perspectiva humana errada puede limitar la respuesta que Dios desea dar.

Una atleta de pies planos, que sufría porque su condición no le permitía rendir al máximo, estaba presente en un auditorio donde yo predicaba. La joven nunca había considerado la posibilidad de que Dios hiciera un milagro en sus pies. Su razonamiento hasta aquella noche era: «Mis pies planos no son una enfermedad; si Dios me hizo así es porque me quiere así».

Mientras ella escuchaba en las gradas, yo conté el testimonio de un niño con pies planos a quien Dios había sanado en Santa Cruz, en el Caribe, creándole la curvatura de ambos pies. Al escuchar ese testimonio, se amplió su entendimiento y su corazón se llenó de esperanza. Continuó atenta a la palabra de Dios y su fe se fortaleció en la convicción de que Dios deseaba sanarla.

Minutos más tarde, la joven estaba en el altar, sentada en una silla con las piernas extendidas, y mostraba la preciosa curvatura en la planta de sus pies a su agradecida familia y a la multitud presente, ayudada por las cámaras que proyectaban en enormes pantallas un acercamiento del evidente milagro.

Dios no miente, así que podemos creer en todo lo que dice. Él hace de lo imposible y nos impulsa a creerlo.

## La fe nos impulsa a entregar todo

Dios les dio a Abraham y a Sara el hijo prometido, objeto de la promesa y en el cual estaban cifradas todas las ilusiones de la familia. No obstante, años después, Dios se lo pidió a Abraham. ¿Cómo entender esa solicitud divina? No era una broma. Les estaba pidiendo a su hijo con toda seriedad. Y así lo tomó Abraham. Se lo entregó, estaba listo para sacrificarlo, y luego lo recibió como resucitado de entre los muertos.

No olvide que donde está nuestro tesoro, allí está nuestro corazón. Aquí se puso de manifiesto que el corazón y la confianza de Abraham no estaban puestos en el hijo, sino en el Señor que se los había dado.

A menudo, Dios probará nuestra fe pidiéndonos lo que más amamos, aquello sin lo cual sentimos que no podemos vivir. Lo que el Señor pretende con esto no es despojarnos de las cosas que amamos, sino estimularnos a realizar una transferencia de tesoro.

Para que nuestro corazón esté en el lugar correcto, nuestro tesoro debe estar en el reino de Dios. Todas nuestras posesiones tienen que transferirse al Reino. Ofrendar se convierte en un proceder absolutamente lógico y alegre cuando comprendemos que todo es de Él, y que de lo recibido de Su mano le damos. Por lo tanto, ofrendar es solo transferir nuestro tesoro al lugar que le corresponde: el Reino.

## La viuda y la vaca

Eran los años en los que las cruzadas de evangelización duraban 30 y 45 días, y a veces más. Los hermanos Jiménez realizaban campañas evangelísticas en México, cuando una mujer viuda, rodeada de varios niños, llegó al servicio con una vaca y la entregó en ofrenda al Señor. Era una situación insólita. «¿Qué debemos hacer con una vaca?», se preguntaba el equipo de trabajo de los evangelistas.

La información de quién era la viuda y de su realidad pronto llegó a oídos de los Jiménez. La mujer había perdido todo después de la muerte de su esposo. Aun las tierras le habían sido quitadas. Aquella vaca era su única posesión. Aun así, la viuda insistía en que Dios le había dicho que debía ofrendarla.

La encrucijada para nuestro equipo no era sencilla. Rechazar la vaca era ofender la fe de aquella humilde mujer, llevarnos el animal era imposible, y tomarlo y venderlo era injusto. El equipo oró a Dios preguntando qué hacer con aquella situación. Así, el mayor de los Jiménez tuvo una respuesta salomónica.

Invitó a la mujer a una reunión, y le dijo:

«Usted ha traído su vaca en ofrenda y el Señor la ha recibido». La viuda mostró regocijo. «Pero ahora, Dios le encarga a usted una responsabilidad. Necesita que cuide y administre Su vaca». El rostro de la viuda se iluminó, y dijo: «¿Dios quiere que yo le cuide Su vaca? Pues con mucho gusto». El hermano Jiménez le dijo: «Pero debo darle algunas instrucciones en cuanto a esta tarea. No debe vender la vaca, porque es del Señor. Tiene que darle de comer y usar su producto de forma sabia para sostener a su familia». La mujer se mostró feliz por su nueva responsabilidad ministerial.

La iglesia se enteró de esta historia y se propuso ayudar a la viuda. Pronto, un hermano le ofreció un pedazo de tierra donde tener la vaca. Y otros, respaldándola, le llevaban comida para el animal. No pasó mucho tiempo antes de que los hermanos regalaran a la viuda otras vacas. La historia continuó sin que supiéramos nada más acerca de la viuda ni de su vaca.

Hace unos años, regresé a México para nuevas campañas de evangelización. Uno de los pastores me quiso presentar a una elegante señora y a sus hijos. Me indicó que ella era una de las sostenedoras de la obra misionera, y que hacía considerables aportes. En medio de la conversación, salió a relucir que esta mujer próspera y con corazón filantrópico era la misma viuda que, años antes, en medio de la ruina, había entregado lo único que le quedaba.

La experiencia fue impresionante. Mirar a aquella mujer era como presenciar una parábola viva. Era como conocer personalmente al buen samaritano. La lección fue clara para mí. Dios no deseaba despojar a la viuda cuando le pidió su vaca; más bien, quería mostrarle la ruta para salir de su miseria. Le enseñó a ubicar su tesoro en el lugar correcto.

## Secretos de fe

*La fe se muestra no en lo que uno siente que cree, sino en lo que hacemos con lo que creemos.*

La fe nos impulsa a entregar todo, y no se detiene a reparar en lo que da, sino en las razones por las que damos. La fe se muestra, no en lo que uno siente que cree, sino en lo que hacemos con lo que creemos. Y si lo que creemos no nos lleva a hacer algo, ¿para qué lo creemos? (Santiago 2:17).

¿Qué está usted haciendo con su fe? La fe es la capacidad que el Espíritu Santo nos da para que creamos y pongamos en práctica lo que Dios afirma en Su Palabra. La fe nos impulsa.

A lo largo de este libro, he relatado lo que recibí de Dios en el transcurso de mi ministerio.

Creo que si hubiera leído algo así cuando comencé a ser evangelista, habría evitado errores que retrasaron mi desarrollo espiritual. Es un privilegio entregar en su mesa este bocado espiritual, deseando que sea de provecho. ¡Disfrútelo!

# Acerca del autor
# y su ministerio

El evangelista internacional Dr. Luis Ángel Díaz-Pabón durante una reunión de
evangelización

*El poder del mensaje de salvación en Cristo cautiva a millares en toda América Latina*

*El Dr. Díaz-Pabón con el cantante Danny Berrios*

*Una joven sanada de la columna vertebral celebra el milagro de Dios*

*Vista parcial de una campaña evangelística en el estadio olímpico Pachencho Romero en Maracaibo, Venezuela*

*Díaz-Pabón y su esposa, Estrellita Rivera, fiel compañera de misiones*

*Cientos de personas durante una cruzada de evangelización*

*El ingenio del pueblo en el estadio ilustró los sermones evangelísticos con una pantalla humana (parte superior izquierda)*

*Proclamación del mensaje del evangelio, luego del cual centenares darán su vida a Cristo*

*Tiempo de adoración y agradecimiento por milagro de sanidad*

*Díaz-Pabón, editor general de la Biblia del Pescador, durante el lanzamiento de dicha Biblia*

El Dr. Díaz-Pabón le entrega una Biblia del Pescador a Danilo Medina Sánchez, Presidente de la República Dominicana

El evangelista internacional Luis Ángel Díaz-Pabón nació en Puerto Rico, en un hogar cristiano. Aceptó a Cristo como Salvador a los quince años de edad en la ciudad de Nueva York. Dios habló a su corazón mientras leía el capítulo 14 del Evangelio según San Juan en una Biblia que le había robado a una anciana de la iglesia.

En 1973, transformado por el toque salvador de Jesucristo, inició su trabajo de evangelista en su tierra natal. Dios le ha dado el privilegio de viajar por toda América Latina, Estados Unidos y Europa celebrando campañas evangelísticas y desarrollando un ministerio para satisfacer las necesidades sociales y espirituales del pueblo de Dios.

El Dr. Díaz-Pabón es hoy uno de los más notables expositores de las verdades del evangelio de Jesucristo para el pueblo de habla hispana. *La Biblia del Pescador*, de la cual es editor general, está siendo traducida a varios idiomas.

Como presidente de la Sociedad Misionera Global, dirige varios ministerios, entre los cuales se destaca Capilla del Rey, iglesia de la cual es pastor y fundador.

Díaz-Pabón y su esposa, Estrellita Rivera, tienen tres hijos: Juan Carlos, Gustavo Adolfo y Lorraine Marie.

Si desea comunicarse con el autor, diríjase a:

Díaz-Pabón Ministries
P. O. Box 832022
Miami, Florida 33283
Teléfono: 305-553-5995

*VidaPara@DiazPabon.com*
*www.DiazPabon.org*

# Notas

# Notas

# Notas

# Notas

# Notas

# Notas